Johannes Kottjé

HÄUSER AUS HOLZ
Natürlich und zeitlos bauen

PRESTEL

München • London • New York

Inhalt

5 Vorwort

6 Erdverbunden schwebend
VILLA BEI VILNIUS, LITAUEN / arches – aarchitecture esthetic studio

16 Holzschindeln und Sichtbeton
HANGHAUS IM KANTON AARGAU, SCHWEIZ / Juri Troy Architects

24 Symbiose der Epochen
LANDHAUS IM CHIEMGAU / Kerschberger Architekten

36 Eine Scheune zum Wohnen
ATRIUMHAUS IN DER EIFEL / Denzer & Poensgen

44 Der Luxus des Schlichten
LOW-BUDGET-HAUS IN DER UCKERMARK / Modersohn & Freiesleben Architekten

50 Nordische Leichtigkeit
HOFHAUS BEI HAMBURG / REICHWALDSCHULTZ // Architektur & Urbanistik

56 Eine Sache des Blickwinkels
ZWILLINGSHÄUSER IM BAYERISCHEN VORALPENLAND /
Gassner & Zarecky Architekten & Ingenieure

62 Perfekt kombiniert
BUNGALOW IN NORDFRIESLAND / Schaltraum Architekten mit Alexandra Heise

70 Eine Scheune zum Wohnen
ERSATZBAU FÜR EINE SCHEUNE IN VORARLBERG, ÖSTERREICH /
firm Architekten

80 Klarheit und Kontraste
FLACHDACHHAUS IN MISCHBAUWEISE AM BODENSEE /
Beate Voglreiter und Markus Willmann

88 Auffällig unauffällig
BUNGALOW BEI WIEN, ÖSTERREICH /
Stadtgut Architekten, Valerie Aschauer und Nikolaus Westhausser

96 Filigrane Präzision
LANDHAUS MIT NEBENHAUS BEI SCHWÄBISCH HALL /
Eltner Architekten **/** Schwarzwälder – design zieht ein

106 Am Hang gestaffelt
NEUBAU EINER VILLA AM ZÜRICHSEE, SCHWEIZ / k_m architektur Daniel Sauter

116 Puristischer Rückzugsort
WOCHENENDHAUS BEI TIMMENDORFER STRAND / Mißfeldt Kraß Architekten

128 Ein Boots-Haus
HAUS MIT WERKSTATT AM SCHARMÜTZELSEE / Modersohn & Freiesleben Architekten

134 Ein Kleinod außerhalb der Stadt
WOCHENENDHAUS BEI WIEN, ÖSTERREICH / Juri Troy Architects

142 Archaisch, monolithisch, futuristisch
HAUS AM HANG AUF DER SCHWÄBISCHEN ALB / HI Architektur Henrik Isermann

152 Zeitloser Schlusspunkt
HISTORISCHES HOLZHAUS BEI ST. GALLEN, SCHWEIZ / firm Architekten

158 Bauen mit Holz
Konstruktion – Material – Schwachstellenvermeidung

174 Architekten/Fotografen/Der Autor

176 Weitere empfehlenswerte Bücher zum Thema/Impressum

Vorwort

Holz ist ein ganz besonderes Baumaterial. Gleich, ob es um möglichst kostengünstiges Bauen, um gesunde und ökologische Gebäude, um konstruktive Vorteile oder um sinnliche Wahrnehmung geht, Holz kann in jedem Bereich Sympathien für sich gewinnen. Es vereinigt auf faszinierende Weise eine Vielzahl hervorragender Eigenschaften: »Lebendig« und »warm« trägt es zu hoher Wohnqualität bei, statisch äußerst leistungsfähig und leicht zu verarbeiten überzeugt es in konstruktiver Hinsicht. Als reines, nachwachsendes Naturprodukt schont es Ressourcen und glänzt auch unter den Aspekten Nachhaltigkeit und Entsorgung mit einer guten Ökobilanz. Unbehandelt eingesetzt, trägt es zu einem gesunden Wohnklima bei. Dabei ist es langlebiger als manch industriell produziertes Material und kann Jahrhunderte unbeschadet überdauern.

Holz ist traditionell und modern zugleich, seit jeher wird es zum Bau von Häusern verwendet. Die über die Jahrhunderte immer wieder der jeweiligen Zeit angepasste Be- und Verarbeitung des Materials unterstreicht seine Universalität.

Im Unterschied zu anderen Produkten, die im Laufe der Jahre als überholt gelten und an Ansehen verlieren, konnte Holz sein Image sogar verbessern. Galt es früher in vielen Regionen des deutschsprachigen Raums als Baustoff der Ärmeren, werden heute selbst Villen nicht nur aus Holz gebaut, sondern tragen es als Fassadenbekleidung stolz zur Schau.

Entsprechend der gestiegenen Beliebtheit von Holzhäusern gibt es viele Veröffentlichungen, die architektonische, baukonstruktive oder finanzielle Aspekte dieses Themas beleuchten. Anliegen des vorliegenden Buchs ist es, einen Querschnitt der architektonischen Entwicklung des ästhetisch hochwertigen Holzhausbaus der letzten Jahre vorzustellen. Hierzu wurden Projekte ausgewählt, deren Entwurf, Materialwahl und -verarbeitung sowie Detailgestaltung besonders überzeugen und als Anregung dienen können – jedes auf seine Weise. Die vorgestellten Häuser verdeutlichen zugleich die breite Spanne des mit Holz Machbaren. Ganz bewusst sind auch einige Entwürfe dabei, die Holzbau mit einer anderen Bauweise kombinieren. Hierdurch sind spannende architektonische Kontraste möglich. Zudem hat jede Konstruktionsart neben ihren Vorteilen auch Nachteile, die sich unter Umständen durch die Kombination unterschiedlicher Materialien kompensieren lassen. Beliebt ist beispielsweise die Verbindung hochdämmender Außenwände in Holzleichtbauweise mit massiv gemauerten oder betonierten, wärmespeichernden Bauteilen im Inneren des Hauses. Diese und weitere technische Themen werden als Abschluss des Buches ab Seite 158 kompakt und verständlich erläutert. Neben Informationen über unterschiedliche Holzbauarten werden auch Hinweise zur Schwachstellenvermeidung gegeben.

Der Autor wünscht allen, die sich als Architekten, Bauherren oder anderweitig an guter Architektur Interessierte mit diesem Buch auseinandersetzen, viel Freude beim Lesen und hofft, dass es in vielen Fällen als praxisorientierte Anregung bei der Planung neuer Holzhäuser dienen kann.

VILLA BEI VILNIUS, LITAUEN

Erdverbunden schwebend

PLANUNG arches – aarchitecture esthetic studio

Auf einer Waldlichtung unweit der litauischen Hauptstadt Vilnius realisierten die Planer von arches einen Entwurf, der in besonderer Beziehung zu seinem Grundstück steht. Anstelle eines alten Bauernhofs entstand eine moderne Villa, deren untere Ebene sich in das leicht abfallende Gelände gräbt. Das nicht deckungsgleich aufgesetzte Erdgeschoss lässt Raum für mehrere Dachterrassen auf diesem Unterbau. Sie wurden überwiegend nicht mit einem festen Belag versehen, sondern als Rasenflächen gestaltet, die nahtlos in die anschließende Geländeoberfläche übergehen. Das Gebäude verschmilzt mit dem Baugrund, ein Eindruck, den die Schieferbekleidung des Hanggeschosses noch unterstützt. Ganz anders dagegen das winkelförmig aufgesetzte Erdgeschoss: Einer der beiden Schenkel des Baukörpers kragt etwa zur Hälfte aus, freitragend scheint er über dem Gelände zu schweben. Die großzügig ringsum geführte Verglasung unterstützt diese Wirkung. Als hätte man die vertikale Holzlamellenbekleidung des geschlosseneren Schenkels aufgeklappt, sind hier feststehende Lamellen als teilweise Verschattung senkrecht zur Fassade angeordnet. Der glatte Baukörper ohne Überstände, der einem facettierten Edelstein ähnelt, löst sich somit optisch auf, aus Massivität wird Leichtigkeit.

Die einheitlich durchgängige Materialität von Fassaden und Dachflächen wurde durch speziell imprägnierte norwegische Kiefernhölzer der Firma Kebony möglich, die in Aussehen und Dauerhaftigkeit Tropenhölzern ähneln. Den skulpturalen Charakter des Hauses unterstützen die trapezförmigen Dachflächen, die sich mit unterschiedlichen Neigungen an die außermittigen, schräg verlaufenden Firste anlehnen.

Die äußere Materialität setzt sich im Inneren fort: Im Erdgeschoss dient Holz als Bodenbelag und Wandbekleidung. Im auskragenden Teil bietet ein großer, dreiseitig verglaster Wohnraum einen fantastischen Ausblick und Zugang zu mehreren der Dachterrassen. Im hinteren Schenkel liegt ein Schlaftrakt mit Bad und Ankleide.

Weitere Zimmer, Nebenräume und die Doppelgarage befinden sich im Sockelgeschoss, das mit seinem Schieferboden ebenfalls das Fassadenmaterial aufgreift.

vorherige Seite und oben Während sich das Erdgeschoss dunkel und massiv in den Hang gräbt, wirkt das Obergeschoss luftig-leicht und durch die vordere Auskragung beinahe schwebend.

rechts oben Aus der Vogelperspektive sind die Lage des Bauplatzes und die polygonale Bauform gut zu erkennen.

rechts unten Details der Holzbekleidung von Wänden und Dachschrägen: Die feststehenden, herausgedrehten Lamellen vor einem Teil der Fensterflächen prägen das Erscheinungsbild der Baukörper entscheidend mit.

oben Terrassen und begrünte Dachflächen lassen das Haus noch besser mit seinem Grundstück verschmelzen.

unten links Blick durch den Hauptwohnraum im auskragenden Teil des Obergeschosses: links die Küche, rechts die Treppe ins Erdgeschoss.

unten rechts Einbaumöbel und Holzbekleidungen mit integrierten Zimmertüren.

oben Der rundum verglaste Wohnraum mit grandiosem Blick ins Grüne öffnet sich bis unter das asymmetrische Dach.

oben Eines der Bäder im Obergeschoss mit unmittelbarem Zugang zu einer Terrasse.

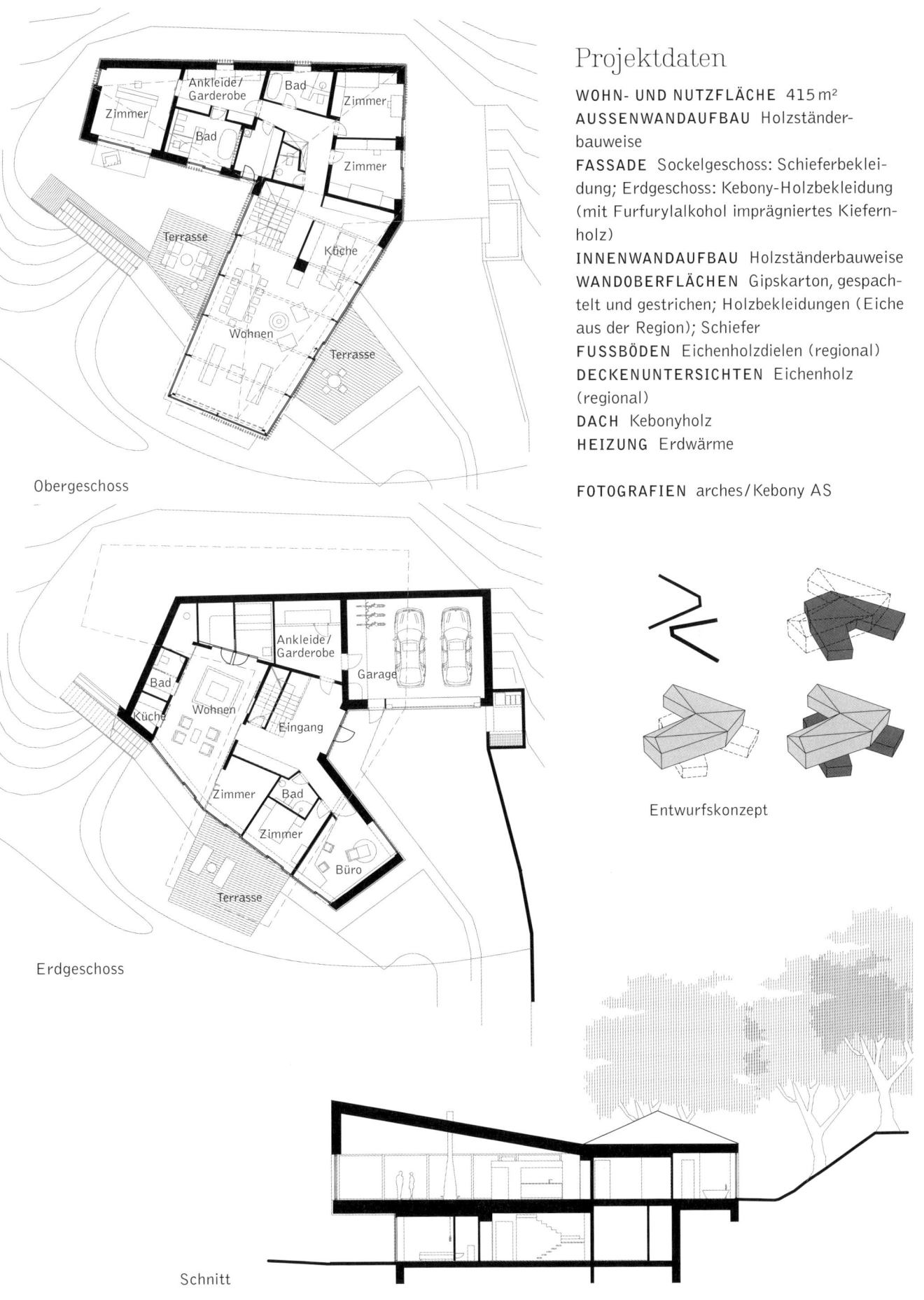

Obergeschoss

Projektdaten

WOHN- UND NUTZFLÄCHE 415 m²
AUSSENWANDAUFBAU Holzständerbauweise
FASSADE Sockelgeschoss: Schieferbekleidung; Erdgeschoss: Kebony-Holzbekleidung (mit Furfurylalkohol imprägniertes Kiefernholz)
INNENWANDAUFBAU Holzständerbauweise
WANDOBERFLÄCHEN Gipskarton, gespachtelt und gestrichen; Holzbekleidungen (Eiche aus der Region); Schiefer
FUSSBÖDEN Eichenholzdielen (regional)
DECKENUNTERSICHTEN Eichenholz (regional)
DACH Kebonyholz
HEIZUNG Erdwärme

FOTOGRAFIEN arches/Kebony AS

Entwurfskonzept

Erdgeschoss

Schnitt

HANGHAUS IM KANTON AARGAU, SCHWEIZ

Holzschindeln und Sichtbeton

PLANUNG Juri Troy Architects

Als wäre es aus der umgebenden Wiese gewachsen, steht das schlichte Satteldachhaus hoch oben auf seinem Hanggrundstück. Kein Zuweg ist erkennbar, nur ein hangseitiger Einschnitt und eine sich hieraus parallel zum Hang entwickelnde Terrasse brechen die homogene Kubatur dezent auf.

So unscheinbar das komplett in Holzschindeln gehüllte Haus ohne Dachüberstände nach außen wirkt, so durchdacht zeigt es sich im Inneren: Die Erschließung erfolgt über eine auf Straßenniveau liegende, überwiegend in den Hang gegrabene Doppelgarage und eine unterirdische Treppe, die Eingang und Wohnhaus verbindet. Die erdberührten Bereiche sind aus Sichtbeton hergestellt.

Darüber entstand das Haus in Holzständerbauweise, außen mit Schindeln, innen mit unbehandelter Holzvertäfelung und sägerauen Dielen aus Weißtanne bekleidet. Die Holzvertäfelung stellt dabei gleichsam den Übergang zwischen Beton- und Holzbauweise her. Ihre Oberflächenstruktur findet sich als Abdruck auch in den Sichtbetonoberflächen wieder, ihr Graubraun changiert zwischen typischen Beton- und Holzfarbtönen.

Jeder Ebene des dreigeschossigen Baukörpers konnten niveaugleiche Außenbereiche zugeordnet werden. Der markanteste davon ist die durch den Einschnitt in den Baukörper teilüberdachte Terrasse. Mit einem Betonelement, das die Küchenzeile als Grill und Arbeitsfläche ins Freie verlängert, führt sie nicht nur die Wohnfläche, sondern auch eine wesentliche Wohnfunktion in den Außenraum fort.

Ein Stockwerk darunter liegen die Kinderzimmer, ebenfalls mit direktem Ausgang in den Garten. Das Dachgeschoss ist den Eltern vorbehalten und teilweise über bewusst gesetzte Oberlichter belichtet und belüftbar. Die Farbe der Zedernschindeln, mit denen das Satteldach gedeckt ist, hat sich nach wenigen Monaten bereits zu einem schlichten Grau angeglichen.

Das Gebäude erfüllt den Schweizer Minergie-P-Standard, ist also ein Passivhaus. Eine Erdwärmepumpe mit Tiefenbohrung sowie eine Wohnraumlüftung mit Wärmerückgewinnung betreiben es ressourcenschonend.

vorherige Seite Das Haus wirkt, als würde es aus dem Hanggrundstück wachsen. Unterirdisch ist es mit der Garage verbunden.

oben Dank regionaltypischer Schindelfassade fügt sich der moderne Entwurf bestens in seine ländliche Umgebung ein.

rechts oben und unten Vor der Küche wurde die homogene Kubatur aufgebrochen. Ein kleines Plateau ergänzt hier den Innenraum um eine teilweise überdachte Süd-West-Terrasse.

links oben und unten Holz und Sichtbeton bilden im Haus einen starken Kontrast. Die »Himmelsleiter« durch das Haus bietet beide Materialien großflächig im Wechsel.

oben Im Wohnraum wurden Holz und Beton kombiniert. Das markante Ergebnis hat nichts mit einem traditionellen Holzhaus gemein – und harmoniert dennoch hervorragend mit der klassischen Schindelfassade.

oben links und rechts Im Dachgeschoss dominieren rein mit Holz bekleidete Oberflächen. Der Blick geht hier Richtung Himmel, im Bett liegend kann man die Sterne beobachten.

rechts Feuerloch, Holzlege und Möbel ergeben eine interessante Kombination.

Projektdaten

WOHNFLÄCHE 286 m²
AUSSENWANDAUFBAU Holzständerbauweise mit 28 cm Zelluloseflockendämmung und 10 cm innenseitiger, wärmegedämmter Installationsebene; Untergeschoss und teilweise Erdgeschoss: gedämmte Betonwände
FASSADE hinterlüftete Weißtanneschindeln
INNENWANDAUFBAU Holzständerbauweise, Stahlbeton
WANDOBERFLÄCHEN Untergeschoss und Erdgeschoss: Sichtbeton; Obergeschosse: Vertäfelung aus unbehandelter Weißtanne
FUSSBÖDEN sägeraue Weißtannedielen
DECKENUNTERSICHTEN Untergeschoss und Erdgeschoss: Sichtbeton; Obergeschosse: sägeraue Weißtannedielen
DACH Satteldach mit Zedernschindeldeckung
HEIZUNG UND BELÜFTUNG Erdwärmepumpe mit Tiefenbohrung, Fußbodenheizung; kontrollierte Wohnraumbelüftung mit Wärmerückgewinnung

FOTOGRAFIEN Jürg Zimmermann

Obergeschoss

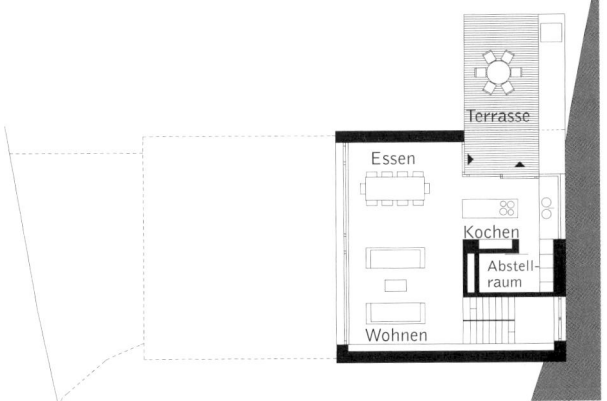
Erdgeschoss

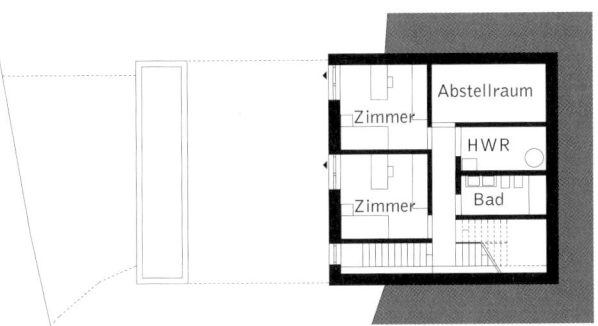
Hanggeschoss

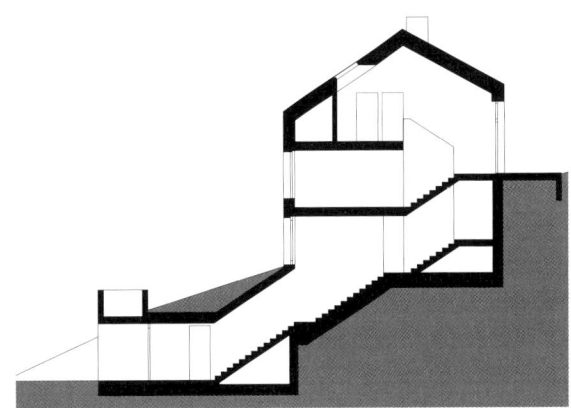
Schnitt

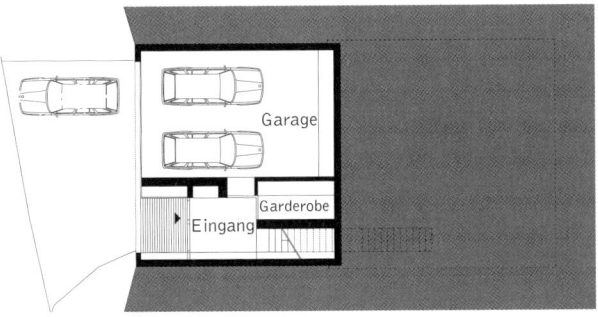
Garagenebene

LANDHAUS IM CHIEMGAU

Symbiose der Epochen

PLANUNG Kerschberger Architekten
EINBAUTEN UND MÖBEL Ulrich Pinzenöller

Die Zeitlosigkeit des Materials Holz veranschaulicht dieser Entwurf von Kerschberger Architekten auf besonders gelungene Weise: Der Betrachter sieht sofort, dass es sich um einen modernen Neubau handelt, jedoch lässt das Haus ebenso offensichtlich den Bautyp des traditionellen Chiemgauer Bauernhauses erkennen. Moderne und Tradition gehen dabei eine harmonische Symbiose ein, sie versuchen nicht, sich zu übertrumpfen, nichts wirkt aufgesetzt.

Über einem weiß verputzten, gedrungenen Erdgeschoss in Massivbauweise ist das leicht überstehende Obergeschoss aus Holz errichtet. Rustikalität wurde vermieden dank einer filigranen Fassadenbekleidung aus vertikal mit Abstand angeordneten Holzlamellen, zwischen denen die schwarze Unterkonstruktion sichtbar ist. Vor einigen Fenstern laufen die Lamellen durch.

Seinen Abschluss findet der kompakte Baukörper im flach geneigten Satteldach mit großem Überstand. Während im Erdgeschoss klassische Lochfenster eingeschnitten sind, öffnet sich darüber der Südgiebel über eine große Glasfassade. Auch diese fügt sich ganz selbstverständlich in das Erscheinungsbild ein. Schiebeläden aus Leimholzplatten interpretieren die zum Chiemgauer Bauernhaus unabdingbar gehörenden Klappläden adäquat neu.

Unabhängig vom traditionellen Vorbild zeigt sich die Gestaltung des Hausinneren. Die gängige Aufteilung in ein Erdgeschoss zum Wohnen und ein Obergeschoss zum Schlafen wurde hier umgekehrt. So entstand ein bis unter den First reichender Allraum mit offener Küche und einem großen Esstisch als Treffpunkt für die ganze Familie. Von außen unauffällig eingefügt, bringt eine kleine Loggia zusätzliche Qualität ins Spiel. Die umlaufende Vertäfelung aus Weißtanne und der grandiosen Ausblick auf die Gipfel von Geigelstein und Zahmem Kaiser prägen die ebenso puristische wie wohnliche Atmosphäre wesentlich.

Im Bebauungsplan standen rigide Vorgaben zu den Außenmaßen und zur Traufhöhe, was das großzügige Raumprogramm zur Herausforderung machte. Im Erdgeschoss liegen zwei Schlafräume und ein Büro, doch die Bauherren wünschten sich darüber hinaus einen nicht im Keller gelegenen Wellnessbereich. Die Reduzierung der Geschosshöhe in den Schlafräumen in Erd- und Obergeschoss ermöglichte schließlich den Ausbau eines Spitzbodens. Begehbar über eine in die Raumvertäfelung integrierte Treppe, unter der die Küchenschränke eingebaut sind, befinden sich im

Dachgeschoss nun eine Sauna mit Dusche sowie eine Ruhelandschaft, die sich wahlweise auch als Fernsehecke nutzen lässt. Die Brüstung aus Holz verhindert Einblicke aus dem Wohnraum, ohne die Bereiche vollständig voneinander abzugrenzen.

Nicht nur bei der kaschierten Treppe zum Spitzboden macht sich bemerkbar, dass das Konzept für Küche und Möblierung gemeinsam mit der Architektur entstanden ist. Auch in die Schlafräume wurden dezente Einbaumöbel integriert.

vorherige Seite Das Haus orientiert sich in Kubatur und Materialien an klassischen Bauernhäusern der Region.

links Im Winkel zwischen Haus und Nebengebäude entstand eine große, blickgeschützte Terrasse mit Außenküche.

oben Die Loggia ergänzt die Wohnküche im Obergeschoss um einen wettergeschützten Freisitz, teils verschattet und durch die weitergeführte Lamellenfassade vor Einblicken geschützt.

oben Auch der Zugang zum Haus gibt sich also moderne Interpretation einer klassischen Gestaltung.

rechts Die Wandscheibe aus Sichtbeton führt die Treppe ins Obergeschoss. Sie setzt einen kontrastierenden Akzent.

Die Architekten zu ihrem Entwurf:

„ Bei einem Grundstück im Grünen sind die ersten Überlegungen natürlich, die Wohnfläche dem Garten zuzuordnen und die Schlafräume im geschützten Obergeschoss unterzubringen. Doch die Bewohner wollten in der geborgenen Atmosphäre des Holzes wohnen und nicht im massiven Erdgeschoss. Also wurde umgedacht, und es entstand eine Art Apartment im Obergeschoss; Kochen, Essen, Wohnen und Schlafen sollten sich hier entwickeln. Ein wenig abgerückt vom Boden und mit perfektem Ausblick auf die Chiemgauer Alpen.

Die Bauherren über ihr Haus:

„ Unser Ziel war ein besonderer Landsitz im Einklang mit den umliegenden Bergen und Wäldern. Ein Stadl-Haus mit einer gewissen Zurückhaltung, das auf den ersten Blick erscheint, als wäre es schon immer da gewesen, und erst auf den zweiten Blick seine Raffinesse entfaltet – natürliche Baumaterialien, großzügige, teils durch Holzlattung versteckte Fensterfronten, der Lebensbereich im Obergeschoss, der die Natur unmittelbar auch innen erlebbar macht. Ein Hort der Ruhe ohne Verzicht auf Esprit und Anspruch, ein Haus mit zwei Gesichtern – untertags zurückgenommen und behaglich, nachts hell leuchtend, puristisch und modern.

unten Die zweizeilige Küche steht über eine Kochinsel in Verbindung mit dem anschließenden Essplatz.

ganz unten Mit der Wandoberfläche bündige Hochschränke unter der Treppe zum Wellnessbereich bieten zusätzlichen Stauraum in der Küche.

oben Von außen kaum wahrnehmbar, öffnet sich die Wohnküche über mehrere, meist große Fensterflächen zur Landschaft.

links oben Die Treppe ins Untergeschoss führt auf ein schmückendes Weinregal zu.

links unten Als Holzfaltwerk mit Abstand zur begleitenden Betonwandscheibe wurde die Treppe ins Obergeschoss gestaltet.

unten links und rechts Bad und Schlafzimmer nehmen einen gemeinsamen Raum ein, nur dezent unterteilt durch die mittige, gläserne Duschkabine. Holz ist auch hier das bestimmende Material.

oben Der Wellnessbereich wurde auf einer Galerie oberhalb der Küche untergebracht.

links Florale Tapeten setzen im Bad einen ungewöhnlichen Akzent.

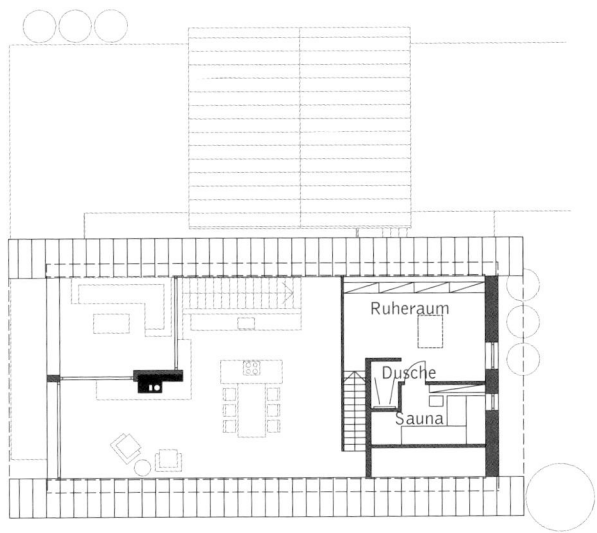
Dachgeschoss

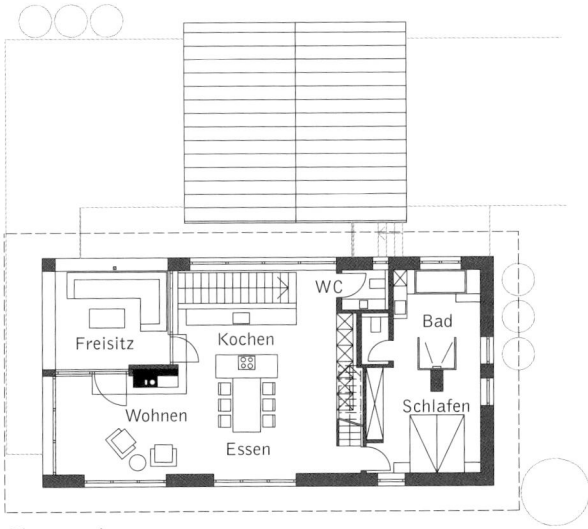
Obergeschoss

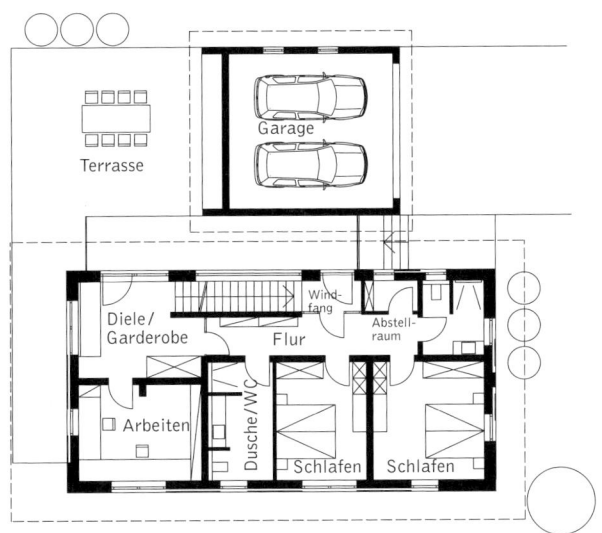
Erdgeschoss

Projektdaten

WOHNFLÄCHE 210 m²
AUSSENWANDAUFBAU Holzständerbauweise mit Holzwolledämmung und Installationsebene, Aussteifung über OSB-Platten; Erdgeschoss: Ziegelmauerwerk, verputzt
FASSADE vertikal mit Abstand angeordnete Lattung aus geflämmter Lärche; schwarz durchscheinende Unterkonstruktion und Winddichtung; Schiebeläden aus Leimholzplatten
INNENWANDAUFBAU Holzständerbauweise
WANDOBERFLÄCHEN Bekleidung aus Leimholzplatten mit Weißtannefurnier
FUSSBÖDEN Erdgeschoss: Schlossdielen aus Weiß-Esche; Obergeschoss: Spachtelboden
DECKENUNTERSICHTEN Erdgeschoss: Weißtannelamellen; Obergeschosse: Leimholzplatten mit Weißtannefurnier
DACH Sparrendach mit Holzwolle-Vollsparrendämmung; Ziegeleindeckung, naturrot
HEIZUNG Gasbrennwerttherme; offener Kamin im Wohnbereich

FOTOGRAFIEN Patrik Graf

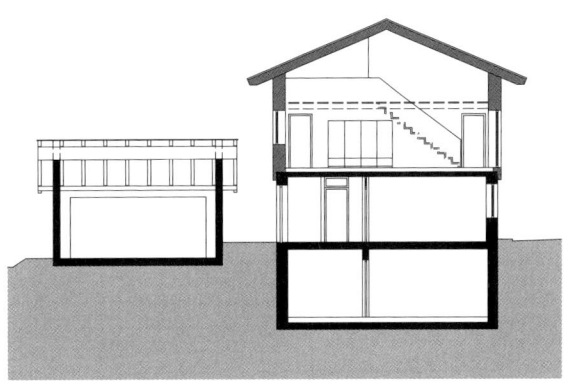
Schnitt

ATRIUMHAUS IN DER EIFEL

Eine Scheune zum Wohnen

PLANUNG Denzer & Poensgen

Neubaugebiete stellen oft einen erheblichen Eingriff in die Identität gewachsener Orte dar. Umso kleiner und ländlicher diese sind, desto massiver die Auswirkungen: Anstelle langsamen, angepassten Wachsens entsteht meist ein heterogener Trabant, dessen Struktur und Bebauung mit Ort und Region wenig zu tun haben. So auch bei einem Neubaugebiet am Ortsrand einer kleinen Gemeinde in der Eifel, bestehend aus mehreren alten Dörfern.

In diesem Umfeld planten Andrea Denzer und Georg Poensgen, bekannt für ihre Wohnhäuser mit regionalem Bezug, ein Einfamilienhaus für eine fünfköpfige Familie. Obwohl moderner und puristischer als die Nachbarbauten, nimmt es wesentlich stärker als diese Bezug auf die hier traditionelle Bebauung. Allerdings orientiert sich der neue Entwurf nicht an alten Wohnhäusern, sondern an Scheunen der Region, deren funktionalen Purismus er in veredelter Form aufgreift.

Aus dem entstandenen schlichten Baukörper mit asymmetrischem Satteldach schnitten die Architekten einen Innenhof an der westlichen Gebäudeecke heraus. Dieses Atrium dient zugleich als Eingangshof sowie als geschützter Freibereich mit hoher Aufenthaltsqualität. Zum Wohnraum hin ist es nur durch eine raumhohe, durchgängige Glasfassade abgetrennt. Bewusst separat vom Wohnzimmer liegt die Essküche, sie öffnet sich zum Garten.

Über eine zweiläufige Treppe gelangt man ins Obergeschoss des Hauses. Der Flurbereich ist so gestaltet, dass er auch als Spiel- und Arbeitsbereich genutzt werden kann: sozusagen ein »Atelier« für die ganze Familie. Von hier aus erschließen sich drei kleine Kinderzimmer mit Bad sowie der Elternbereich. Alle Schlafzimmer sind zum nordöstlich gelegenen Garten hin orientiert, somit wird das Tageslicht für die Bewohner vom frühen Morgen bis zum späten Abend spürbar.

Die »dienenden« Räume des Hauses wie der Abstellraum, die Waschküche oder die Technik befinden sich in einem separaten Seitenflügel, über Eck an die Wohnräume angefügt und gemeinsam mit diesen das Atrium fassend.

vorherige Seite Durch eine hölzerne Pforte gelangt man zunächst in einen Innenhof als Eingangs- und Lebensbereich des Hauses.

links Straßenseitig gibt sich der schlichte Baukörper betont geschlossen.

unten links und rechts Das akustisch wie optisch ruhige Atrium gibt dem Haus ein besonderes Flair. Glasfassaden ermöglichen den Blick durch den Wohnraum bis in den Garten.

oben Blick aus dem Wohnraum Richtung Eingangsbereich und durch das Atrium.

rechts Die Küche haben die Architekten bewusst als Essküche vom Wohnraum getrennt.

Die Architekten über ihren Entwurf:

„ Unsere Aufgabe bestand darin, das Haus in den landschaftlichen Raum einzufügen und gleichzeitig genügend Wohnraum für eine fünfköpfige Familie zu schaffen. Durch die Referenz auf die historische Typologie der Scheune tritt die Architektur in einen subtilen Dialog zwischen Vergangenheit und Gegenwart. Eine rein formale, historisierende Anbiederung haben wir dabei bewusst vermieden.

oben Vom Spiel- und Arbeitsflur des Obergeschosses aus blickt man über den Innenhof hinweg in die Landschaft.

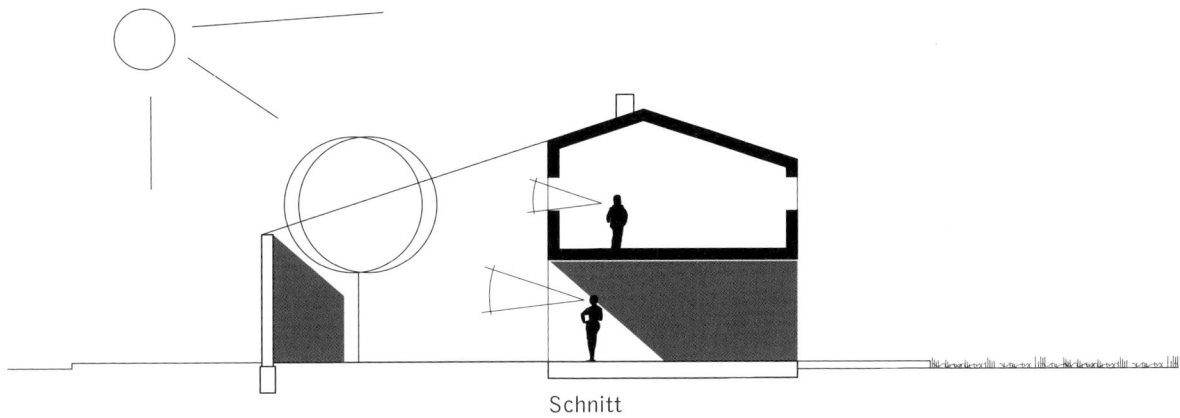

Schnitt

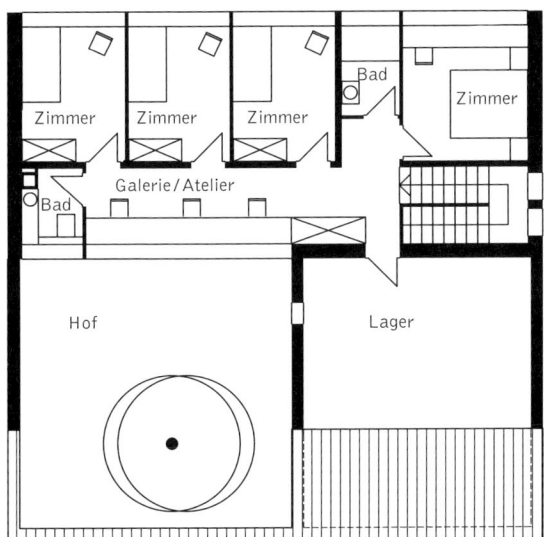

Obergeschoss

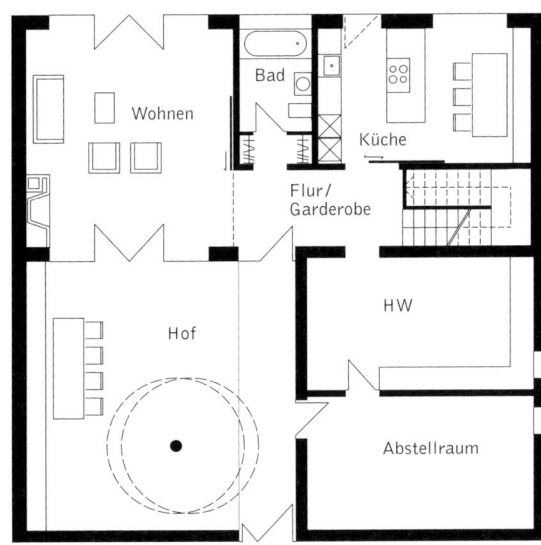

Erdgeschoss

Projektdaten

WOHNFLÄCHE 118 m²
ZUSÄTZLICHE NUTZFLÄCHE 57 m²
ATRIUM 50 m²
AUSSENWANDAUFBAU Holzständerbauweise mit Holzfaserdämmung und innenseitiger Installationsebene
FASSADE hinterlüftete Schalung aus grau lasierten Lärchenholzlamellen
INNENWANDAUFBAU Holzständerbauweise
WANDOBERFLÄCHEN Gipskartonplatten, gespachtelt
FUSSBÖDEN Erdgeschoss: geschliffener Estrich; Obergeschoss: Eichendielen
DECKE Holzbalkendecke
DECKENUNTERSICHTEN Gipskarton, gespachtelt
DACH asymmetrisches Satteldach mit Blecheindeckung
HEIZUNG Gasbrennwerttherme, Fußbodenheizung

FOTOGRAFIEN Rainer Mader

LOW-BUDGET-HAUS IN DER UCKERMARK

Der Luxus des Schlichten

PLANUNG Modersohn & Freiesleben Architekten

So nah liegen purer Pragmatismus und ausdrucksstarke Gestaltung bei heutigen Wohnhäusern selten zusammen: Ein Haus auf dem Land war gewünscht, kostengünstig und kompakt. Das Hauptaugenmerk der Bauherren lag auf regionaler Identifikation und ökologischer Bauweise, nicht auf großer Architektur. Angedacht war ein Fertighaus, doch dann kam Architektin Antje Freiesleben ins Spiel, wählte Materialien, die zu den Vorgaben passten, fügte sie zu einem schlichten Satteldachhäuschen, das sich ins Dorf eingliedert – und kreierte gleichsam nebenbei ein architektonisches Kleinod.

Vieles an dem neuen Domizil der dreiköpfigen Familie ergab sich schlichtweg durch allürenfrei-sachliche Entscheidungen. So wurde Trapezblech für Fassaden und Dachflächen als kostengünstiges, wartungsarmes Material gewählt, und wie es der Zufall wollte, gab ein günstiger Restposten dem Haus seine markante rote Farbe.

Während die meisten der vorgestellten Entwürfe über eine Holzfassade ihre Bauweise offenbaren, geschieht dies hier im Inneren: Wozu sollte man die Oberflächen der OSB-Platten mit denen die Holzständerkonstruktion beplankt ist, nochmals bekleiden oder anstreichen, wenn sie naturbelassen dem Raum einen viel prägnanteren Charakter verleihen? Lediglich der Boden wurde mit pflegeleichteren Kiefernholzdielen belegt. Auch unter diesen befindet sich eine Holzrahmenkonstruktion als aufgeständerte Bodenplatte – finanziell und energetisch günstiger in der Herstellung als eine Betonplatte und später umweltfreundlicher zu entsorgen. So sachlich wie Kubatur und Bauweise gibt sich auch der Grundriss: An einen Wohnraum mit zentraler Inselküche schließen zwei Schlafräume an, dazwischen liegen zwei Bäder. Reine Verkehrsflächen gibt es nicht, abgesehen vom Eingangsbereich, der als Schleuse dient und Kälte und Schmutz aus den Wohnräumen hält. Opulent wird es dann allerdings in der Höhe: Bis zu 5 Meter ragt der Wohnraum unter das Dach. Dieses stützt seine Pfetten auf zwei frei stehende Sichtbetonstützen und ermöglicht so eine freie und – zumindest theoretisch – veränderbare Aufteilung des gesamten Innenraums. Über den Bädern ließ sich unter dem First eine Galerie anordnen, ein zusätzlicher Raum als kleiner Luxus. Seine seitlichen Wände wurden leicht schräg gestellt und bilden in Verbindung mit den Dachflächen asymmetrisch geneigte Decken in den Schlafräumen. Die Vermeidung ebener Decken und das Plus an Höhe geben allen drei Wohnräumen ein Gefühl von Großzügigkeit und kompensieren den verkleinernden Effekt der dunklen OSB-Platten.

vorherige Seite Die rote Blechbekleidung von Fassaden und Dachflächen lässt das Haus trotz schlichter Form aus der Masse hervorstechen.

links unten Trotz klassischer Fenster in Standardgrößen kennzeichnet ein starker Außenbezug den Hauptwohnraum.

oben links In seiner Kubatur passt sich der Baukörper der Nachbarschaft an, eingefügt in alten Baumbestand.

oben rechts Detail der im Sonnenlicht flirrenden Blechfassade.

Die Bauherren über ihr Haus:

,, Uns war es wichtig, ein ökologisches Haus zu bauen, das sich gut in das Dorf einfügt und von hier ansässigen Handwerkern gebaut werden kann. Die reine Bauzeit betrug sechs Monate. Antje Freiesleben hatte nach einem Gespräch aufgezeichnet, was uns vorschwebte, und so steht das Haus nun auch. Die einzelnen Bauschritte des Holzbaus mitzuerleben, war für uns sehr spannend. Wir sind sehr gern in dem Haus mit seiner besonderen Raumatmosphäre.

oben und unten So unkonventionell wie die äußere Blechfassade geben sich im Inneren die Oberflächen mit sichtbar belassenen OSB-Beplankungen. Hier der Blick von und zur Galerie über den Schlafräumen.

Die Architekten zu ihrem Entwurf:

„ Die Idee des Hauses ist es, ein nachhaltiges und gesundes Gebäude zu schaffen, das in der Lage ist, seine Bewohner durch alle Phasen ihrer Nutzungsbiografie zu begleiten. Technisch aufwendige Lösungen wurden zugunsten eines verantwortungsvollen Gebrauchs des Hauses verworfen. Die eingebaute Technik steht hinsichtlich Ressourcenverbrauch und Herstellkosten in einem sinnvollen Verhältnis zu den Verbrauchswerten des Hauses.

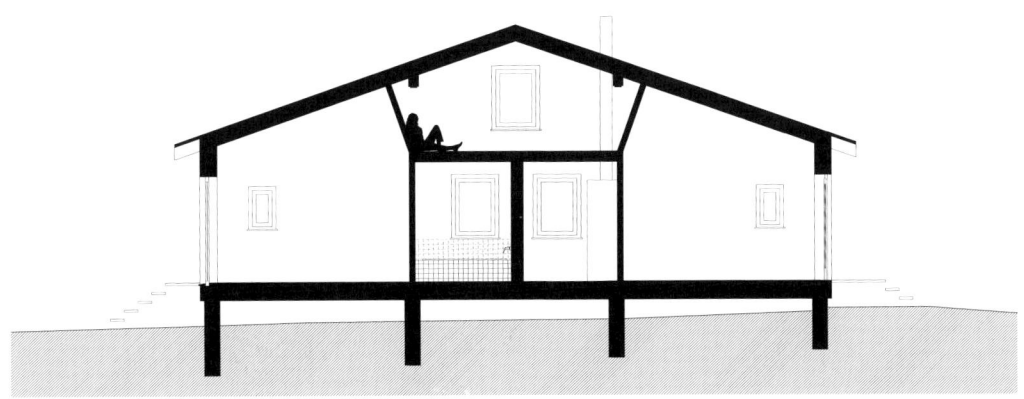

Schnitt

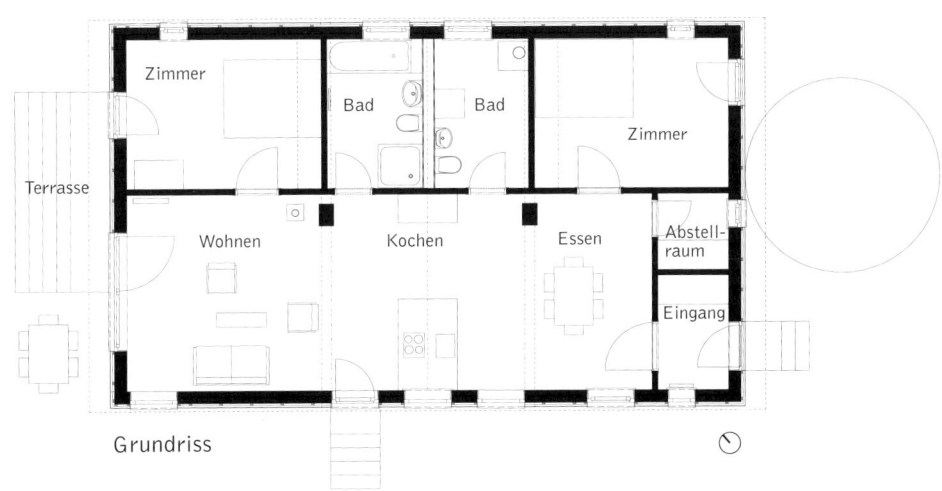

Grundriss

Projektdaten

WOHNFLÄCHE 82 m²
AUSSENWANDAUFBAU Holzständerbauweise; innere Beplankung mit sichtbar belassenen OSB-Platten
FASSADE Trapezblech, werksmäßig rot lackiert
INNENWANDAUFBAU Holzständerbauweise
WANDOBERFLÄCHEN UND DECKENUNTERSICHTEN OSB-Platten
FUSSBÖDEN Bodenplatte als gedämmte Holzrahmenkonstruktion auf Betonstreifenfundament; Bodenbelag Kiefernholzdielen
DACH Pfettendach, getragen von zwei Sichtbetonpfeilern
HEIZUNG Gasbrennwerttherme mit solarthermischer Unterstützung, Holzofen

FOTOGRAFIEN Maximilian Meisse

HOFHAUS BEI HAMBURG

Nordische Leichtigkeit

PLANUNG REICHWALDSCHULTZ // Architektur & Urbanistik

Die Bauherren wünschten sich einen Holzbau, der die heiter-entspannte Einfachheit nordischer Ferienhäuser ebenso wie die nüchterne Klarheit von Gehöften der Region aufnimmt. Der zur Verfügung stehende Bauplatz lag allerdings in einem typischen Neubaugebiet mit heterogen und meist nicht regionaltypisch gestalteten Einfamilienhäusern. In diese Nachbarschaft galt es, das Traumhaus der vierköpfigen Familie einzufügen.

Das Büro von Marc-Philip Reichwald und Peter-Karsten Schultz konzipierte einen betont reduzierten Baukörper, der sich im Winkel um einen sichtgeschützten Gartenhof legt. Die vorvergraute Lärchenholzbekleidung umhüllt das Haus leicht changierend und dezent gerastert und verleiht ihm so Leichtigkeit. Das Trapezblechdach unterstützt diesen Charakter und setzt die Linienführung der Fassadenfugen fort. Die beiden steil aufragenden Satteldächer wurden bewusst nicht zusammengeführt, was den Baukörper wie zwei kleinere, aneinandergefügte Häuser erscheinen lässt. Erschlossen wird das Haus über den Giebel am Schnittpunkt der beiden Hausteile. Die Haustür nimmt die Bekleidung der Fassaden auf. Ein Vordach gibt es nicht, doch durch seine ungewöhnliche Freistellung wirkt der Giebel wie ein puristisches Portal. Dahinter wartet der Eingangsbereich, von dem es geradeaus in den Wohntrakt geht. Dieser nimmt ohne Unterteilung das gesamte südliche Teilhaus ein. Bei nur 3,60 Metern Raumbreite reicht der Koch-/Ess-/Wohnbereich bis zu 4,60 Meter hoch unter den First und öffnet sich zu beiden Seiten nach außen. Seine Offenheit und ein betont leichtes Regal vor der gesamten Giebelwand mildern die kathedralen Proportionen des Raums ab. Da sich aufgrund der Lage des Bauplatzes der Gartenhof im Norden des Hauses befindet, liegt auf der Südostseite eine Sonnenterrasse.

Die Küche wurde passend zum Charakter des Hauses entworfen. Alle Hochschränke mit Kühlkombination, Ofen und Stauraum verschwinden bündig eingelassen in der Wand. Das Kochfeld mit nach außen geführtem Tischdunstabzug sitzt mittig in einer Nische, sodass optisch der Eindruck eines großen Herds entsteht. Der davor angeordnete Küchenblock bestimmt als zentraler Punkt den Raum und lädt zum gemeinsamen Kochen und Essen ein, aber auch zum Verweilen oder Arbeiten. Die schneeweißen Fronten der Küchenmöbel setzen sich deutlich vom grauweiß gestrichenen Gesamtraum ab.

Ungewöhnlich für ein Wohnhaus ist der Gussasphaltboden, der sich durch Wohnbereich, Flur und Bäder zieht. Er verbindet das Wohn-Haus mit dem

Schlaf-Haus, in dem neben dem Elternzimmer mit Ankleide zwei Kinderzimmer und ein kombiniertes Arbeits- und Gästezimmer zur Verfügung stehen. Auch diese Räume reichen bis unter das Dach, wobei in den Kinder- und im Gästezimmer Schlafgalerien eingezogen sind. In allen Schlafräumen wurde Fichenparkett verlegt.

Während sich die Schlafräume zum Gartenhof orientieren, liegen straßenseitig zwei Bäder und ein Hauswirtschaftsraum. Alle Räume werden über einen bewusst schmalen Erschließungsgang verbunden, dessen mit Seekiefer bekleidete Wände das Entwurfskonzept fortführen: der Flur als stilisiertes begehbares Möbel – was abermals den Gedanken gebauter Leichtigkeit unterstreicht.

vorherige Seite Klar geschnitten, glattflächig, mit leicht changierender Fassade rahmt das Winkelhofhaus den hinteren Bereich des Gartens.

links oben Beinahe den gesamten Südflügel nimmt der haushohe Wohnraum mit offener Küche ein – zu erkennen hinter dem mittleren Fenster. Hinter dem linken Fenster liegt der Eingangsbereich.

oben Der Wohnraum mit beidseitigem Außenbezug.

links unten Auf eine Verschneidung der beiden Satteldächer verzichteten die Architekten bewusst.

oben Die Küche im großen Wohnraum, angeordnet um eine Kochinsel mit Frühstückstheke. Zusätzlich steht ein Esstisch zur Verfügung.

unten Der rückwärtige Bereich der Küche wurde bündig in die Wand eingefügt.

Projektdaten

WOHNFLÄCHE 155 m²
AUSSENWANDAUFBAU Holzständerbauweise
FASSADE gehobelte Lärchenholzbekleidung, vorvergrauend lasiert, vertikal angeordnet
INNENWANDAUFBAU Holzständerbauweise
WANDOBERFLÄCHEN Gipskarton, gespachtelt und gestrichen; Flur Schlafhaus: Seekieferplatten
FUSSBÖDEN Gussasphalt mit weißgrauen Steinen; Eichenparkett
DECKENUNTERSICHTEN Gipskarton, gespachtelt und gestrichen
DACH Trapezblecheindeckung
HEIZUNG Gastherme mit solarthermischer Unterstützung, Fußbodenheizung

FOTOGRAFIEN Marcus Ebener

Dachgeschoss

Erdgeschoss

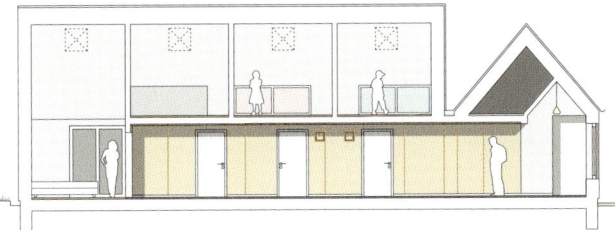

Schnitt 1

Schnitt 2

ZWILLINGSHÄUSER IM BAYERISCHEN VORALPENLAND

Eine Sache des Blickwinkels

PLANUNG Gassner & Zarecky Architekten & Ingenieure

Was tun, wenn der Bebauungsplan weite Dachüberstände vorsieht, der architektonisch ambitionierte Bauherr jedoch kubische, geradlinige Formen bevorzugt? Vor dieser Herausforderung standen die Planer von Gassner & Zarecky beim Entwurf zweier ähnlicher Einfamilienhäuser auf einem gemeinsamen Grundstück in einem Dorf im bayerischen Voralpenland.

Sie fanden die Lösung in einer zweiten »Fassade«, die die Vorderkanten der Dachüberstände aufgreift. Schmale Lärchenlatten, von den Dachkanten an einem Stück bis auf Sockelhöhe geführt, geben den beiden Baukörpern aus der Ferne die gewünschte Form. Aus der Nähe betrachtet, sieht man je nach Blickwinkel durch die breiten Abstände der Latten auf die eigentliche Fassade oder man nimmt die Feingliedrigkeit der Vorhangfassade besonders gut wahr. Nebenbei dient diese als Sichtschutz für die dahinterliegenden Balkone.

Trotz allem Bemühen um kristalline Formen sollten sich die Häuser in das gewachsene dörfliche Bild einfügen. Dies gelingt über die naturbelassene Holzbekleidung, die klassischen Satteldächer und die Einhaltung des Maßstabs. Gemeinsam mit den ebenfalls holzbekleideten Garagen bilden die Bauten eine lockere, nicht dem rechten Winkel unterworfene Hofsituation in Anlehnung an traditionelle dörfliche Bebauungsstrukturen. Ihre Erschließung erfolgt über privatere kleine Höfe, die durch die winkelförmigen Grundrisse entstanden sind. Pergolen, aus statischen Gründen leider nicht so filigran wie die Vorhangfassaden, betonen den geschützten Charakter dieser Vorbereiche.

Die Aufteilung im Inneren sieht im Erdgeschoss jeweils einen offenen Wohnbereich mit Essplatz und Küche vor, dazu ein Zimmer mit Bad und Nebenräume. Drei weitere Zimmer mit zwei Bädern befinden sich im oberen Stockwerk.

Auch in den Räumen ist das Material Holz allgegenwärtig in Form von Böden, Treppenstufen und als sichtbar belassene Untersicht der Brettstapeldecken. Nicht zuletzt wird der Blick aus den Häusern in die weite Landschaft stets von der inneren und äußeren Holzfassade gerahmt.

Bemerkenswert an diesem Ensemble sind nicht nur der Entwurfsgedanke und seine konstruktive Umsetzung, sondern auch, dass der Bauherr beide Häuser zum Vermieten bauen ließ – erfreulich, dass er hierbei nicht nur auf die Rendite, sondern insbesondere auch auf Architektur und Umfeld achtete.

vorherige Seite Jedes der beiden Häuser wird über einen Eingangshof erschlossen, der durch Lamellen abgetrennt ist.

oben Der über Eck verglaste Wohnraum hat einen starken Außenbezug. Die durchgeführte Lamellenfassade an der Giebelseite bietet Verschattung und Sichtschutz trotz Ausblick.

links Entlang der Glasfassade zum Innenhof führt die leicht wirkende Treppe nach oben.

unten links Der Wohnraum in einem der beiden Häuser wurde zweigeschossig ausgeführt.

unten rechts Auch den Balkon vor dem Obergeschoss rahmt die markante Lamellenfassade.

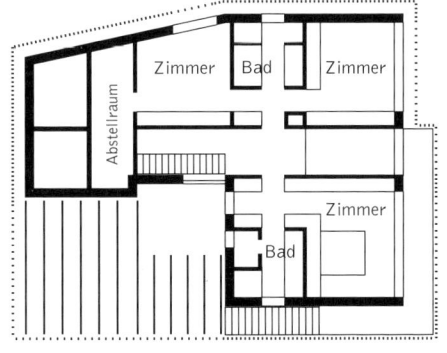

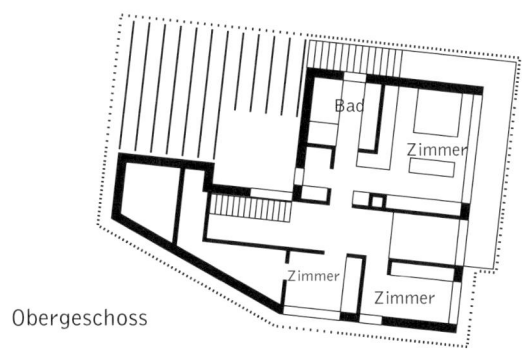

Obergeschoss

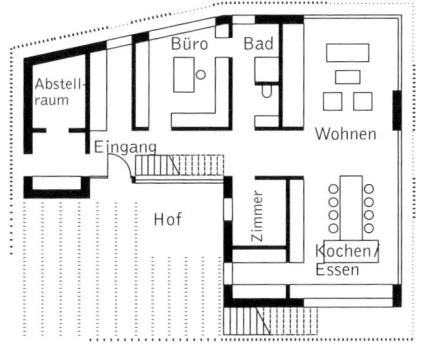

Projektdaten

WOHNFLÄCHE 239 m² (Haus Ost), 184 m² (Haus West)
AUSSENWANDAUFBAU Holzständerbauweise mit Holzfaserdämmung
FASSADE Lärchenlatten aus parallel besäumten, sägerauen Glattkantbrettern mit Keilzinkenverbindung (Kronfuge) als durchgehendes Profil ohne Stoß, Einbaulänge bis ca. 7,50 m; Konstruktion aus Lärchenlatten als vorgesetzte zusätzliche Fassade
INNENWANDAUFBAU Holzständerbauweise, mit OSB-Platten beplankt
WANDOBERFLÄCHEN Gipsfaserplatten, gespachtelt und gestrichen
FUSSBÖDEN Eichendielen, Feinsteinzeug
DECKENUNTERSICHTEN Brettstapeldecken mit sichtbar belassener Unterseite
DACH Ziegeldeckung
HEIZUNG UND BELÜFTUNG Brennwerttherme mit solarthermischer Unterstützung, Fußbodenheizung; kontrollierte Wohnraumbelüftung

FOTOGRAFIEN Gregor Szinyai

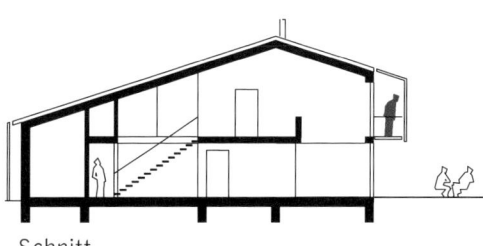

Schnitt

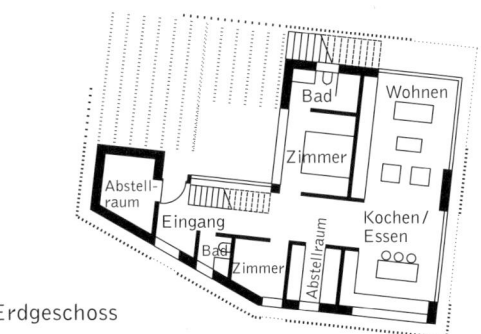

Erdgeschoss

BUNGALOW IN NORDFRIESLAND

Perfekt kombiniert

PLANUNG Schaltraum Architekten mit Alexandra Heise

Ein Haus in Massivholzbauweise mit sichtbar belassenen Holzoberflächen außen wie innen – mit einer solchen Beschreibung assoziiert man wohl meist ein rustikales Blockhaus, erdverhaftet, mit weit auskragendem Satteldach. Den Gegenentwurf zu diesem Klischee realisierten die Planer dieses Bungalows am Westerdeich, unmittelbar an der Nordsee gelegen. Elegant und leichtfüßig gibt sich der flache, lang gestreckte Baukörper. Ein Podest hebt ihn ein Stück weit vom Boden ab und kragt – als Terrasse und Hauszugang ausgebildet – ringsum aus; seine Dimensionen spiegeln sich im Dach wieder. So bildet der Bereich einen sanften Übergang vom großen Garten zu den durchgängig bodentief verglasten Wohnräumen. Das Haus teilt das baumumstandene und zweiseitig von Gräben umrahmte Grundstück in einen großen, südlichen Spielgarten und einen kleinen Nutzgarten auf der Nordseite.

Zentrum des Hauses ist der große Wohnbereich mit offener Küche und Kamin sowie beinahe ununterbrochener, dreiseitiger Öffnung zum Garten. Zwei große Schiebeelemente ermöglichen hier eine noch engere Verbindung von Innen- und Gartenraum. Nach Osten schließen die Schlafräume an den Wohnbereich an. Ein bewusst schmaler Flur führt zu den südorientierten Kinderzimmern, dem Elternbereich im ruhigen Nordosten und den beiden Bädern. Das Elternbad wurde mit frei stehender Wanne und Sauna als kleine Wellnessoase gestaltet.

Abgesehen von den weiß gestrichenen Wänden des Flurs und der Kaminumfassung zeigen alle Wände und Decken die verwendete Massivholzkonstruktion. Diese wurde so konzipiert, dass sie im Inneren bereits eine fertige Sichtoberfläche hat. Dadurch ließen sich Material und Kosten einsparen, zudem sorgen die Holzoberflächen für eine wohnliche Atmosphäre im gesamten Haus. Es entwickelt sich eine angenehme Balance zwischen der Sachlichkeit der klaren Formen und Details sowie dem warmen Charakter des Holzes. Ein besonderes Augenmerk lag bei der Detaillierung auf bündigen und gestalterisch minimierten Bauteil- und Materialübergänge. So sind zum Beispiel bei den Fenstern und Türen die Blendrahmen und Zargen nicht sichtbar, was den optisch schwellenlosen Übergang von Innen- und Außenraum verstärkt. Als Bodenbelag in allen Wohn- und Schlafräume wurden massive Dielen gewählt.

Mehr Holz geht kaum, und dennoch wirkt der Entwurf alles andere als rustikal. Vielmehr ergänzt das Material die Offenheit und das Lichte der Räume um den Aspekt Geborgenheit, bringt atmosphärische Wärme ins Haus und passt als Naturmaterial bestens zur umgebenden Landschaft.

vorherige Seite Mit der Rustikalität gewohnter Blockhäuser hat der Flachdachbungalow in Blockbauweise nichts gemeinsam.

oben Große Glasfassaden und das »fliegende Dach« geben dem Entwurf Eleganz und Leichtigkeit.

unten Eine umlaufende Terrasse, etwas höher gelegen als der Garten, verbindet Innen- und Außenräume.

Die Architekten zu ihrem Entwurf:

„ Die Wahl einer massiven Holzbauweise sahen wir gerade bei einer eingeschossigen Bauweise als ökologisch und konstruktiv sinnvoll an. Ziel war dabei auch die Minimierung des Material- und Ressourceneinsatzes und die ausschließliche Verwendung von problemlos recyclingfähigem Holz und Holzwerkstoffen mit hervorragender ökologischer Bilanz.

oben und rechts oben Holz und Glas bestimmen das Ambiente auch im Inneren. Einbauten wie Kamin oder Küche wurden neutral in Weiß gehalten.

rechts unten Puristisch gehalten, vermittelt das Schlafzimmer dennoch atmosphärische Wärme und Geborgenheit.

oben Weiß gestrichene Flurwände vermeiden optische Enge und interpretieren die Schlafräume als eingestellte »Möbel«.

unten links und rechts Die Badewanne am bodentiefen Fenster und das Dachfenster geben den beiden Bädern auf unterschiedliche Weise ganz besondere Lichtstimmungen.

Projektdaten

WOHNFLÄCHE 140 m²
AUSSENWANDAUFBAU Rhombus- bzw. Brettschalung Lärche 25 mm, Holzweichfaserdämmung 160 mm, Massivholzelemente (Brettsperrholz) Fichte/Tanne, sichtbar belassen, lasiert 100 mm
FASSADE Lärchenschalung
INNENWANDAUFBAU Massivholzelemente Fichte/Tanne, sichtbar belassen, lasiert; Holzständerwände; mit OSB/Gipskarton beplankt
WANDOBERFLÄCHEN Fichte/Tanne, lasiert
FUSSBÖDEN massive Eichedielen, geweißt; keramische Fliesen
DECKENUNTERSICHTEN Fichte/Tanne lasiert
DACH Massivholzelemente Fichte/Tanne, sichtbar belassen, lasiert
HEIZUNG UND BELÜFTUNG Geothermie, Wärmepumpe; Lüftungsanlage mit Wärmerückgewinnung

FOTOGRAFIEN Jochen Stüber

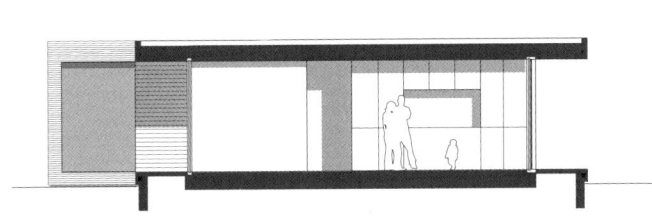
Querschnitt

Längsschnitt

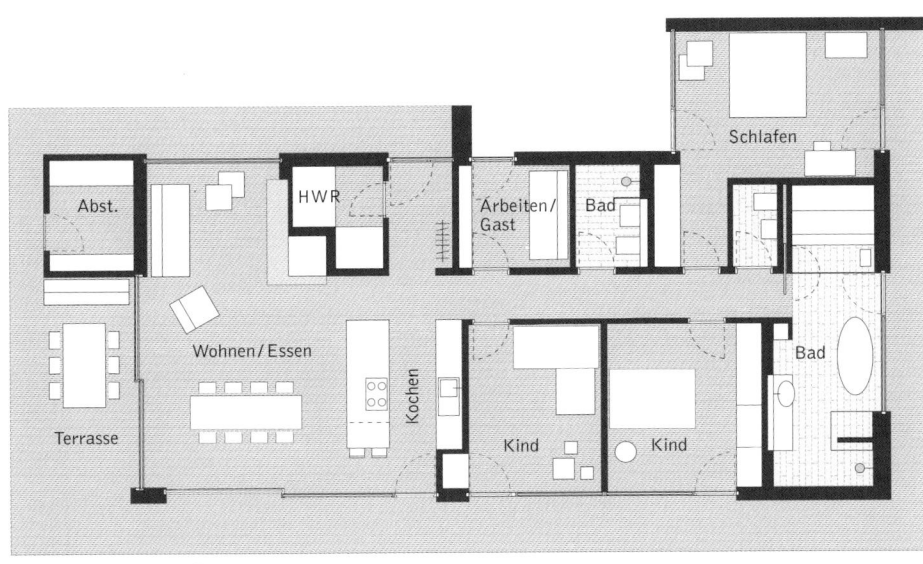
Grundriss

ERSATZBAU FÜR EINE SCHEUNE IN VORARLBERG, ÖSTERREICH
Eine Scheune zum Wohnen

PLANUNG firm Architekten

Um einen Anbau, wie man vermuten möchte, handelt es sich hier nicht. Vielmehr ist es ein eigenständiges Einfamilienhaus, das die frühere Scheune eines historischen Bauernhofs ersetzt. Im Inneren sind beide Gebäude unabhängig voneinander, nach außen treten sie jedoch weiterhin als ein zusammenhängender Baukörper in der Tradition regionaltypischer Eindachhöfe auf.
Erreicht haben die Architekten dies durch die Fortführung der Kubatur, das einheitliche Dach und einen umlaufenden Sockel.
Im Bestandsbau wurden die Fassadenschindeln und der geputzte Sockel ausgebessert. Die Fassade des Neubaus ist aus vertikalen Fichtenlatten gefertigt und erinnert auch dadurch an den landwirtschaftlich genutzten Vorgängerbau. An der südlichen Längsseite lassen sich einzelne Fassadenelemente nach oben öffnen, dahinter kommen durchgängige Loggien zum Vorschein und offenbaren die neue Nutzung der vermeintlichen Scheune. Von innen betrachtet dient die Gitterstruktur aus Holzlamellen der Verschattung und filtert den fantastischen Ausblick auf das umliegende Bergpanorama.
Aufgrund eines Geländeversprungs betritt man den Neubau von der nördlichen Rückseite her im Obergeschoss. Hier befinden sich die Schlafräume und zwei Bäder. Über eine helle, elegant detaillierte Holztreppe geht es hinunter in das Wohngeschoss, das als nahezu nicht unterteilter Raum die Durchgängigkeit einer Scheune wieder aufnimmt. Lediglich die Abtrennung der Treppe und der daran angefügte Kamin zonieren den Raum ein wenig. So ergeben sich ein großzügiger Kochbereich mit Essplatz, die Sitzgruppe am Kamin und ein Arbeitsbereich. An der Nordseite liegen noch eine kleine Vorratskammer und eine Toilette. Das Untergeschoss bietet neben Waschküche und Keller einen Saunabereich.
Mehrere Einbauten und Einbaumöbel sind homogen in die Materialität und Detaillierung des Gebäudes eingefügt. Sichtbetonwände setzen kontrastierende Akzente in den ansonsten durchgängig mit hellen, schnörkellosen Holzoberflächen gestalteten Räumen.

Die Bauherren über ihr Haus:

,, Die von außen geschlossen wirkende Fassade sorgt für mit Licht durchflutete Innenräume und ermöglicht uns jeden Tag atemberaubende Ausblicke in die Bergwelt des Bregenzerwalds.

vorherige Seite Wohnhaus statt Scheune: In der Giebelansicht wird die neue Nutzung am deutlichsten.

oben Dem Neubau kam hier zugleich die wichtige Aufgabe zu, den historischen Eindachhof wieder zu einem vollständigen Gebäude zu komplettieren.

links und Mitte Nach oben schiebbare Segmente der filigranen Lamellenfassade öffnen oder schließen die Loggia vor den Schlafräumen ganz nach Bedarf.

rechts Die Loggia vor dem Wohnraum gibt dank Glasbrüstung einen weiten Ausblick frei.

links Blick vom Wohnbereich zu Essplatz und Küche: links die Loggia, rechts hinter dem Möbel ein kleiner Arbeitsplatz.

rechts Schon beim Kochen an der frei stehenden Kücheninsel lässt sich der fantastische Ausblick genießen. Links im Bild die Treppe zu den übrigen Geschossen.

links und unten links Die teils großflächig, teils feingliedrig eingesetzten Bekleidungen aus Weißtanne geben den Räumen eine besonders harmonische, zugleich helle wie warme Atmosphäre, wie hier am Treppenantritt im Untergeschoss und am Treppenaustritt im Obergeschoss.

unten rechts Das Hanggeschoss nimmt zum Großteil ein Wellnessbereich mit Sauna ein.

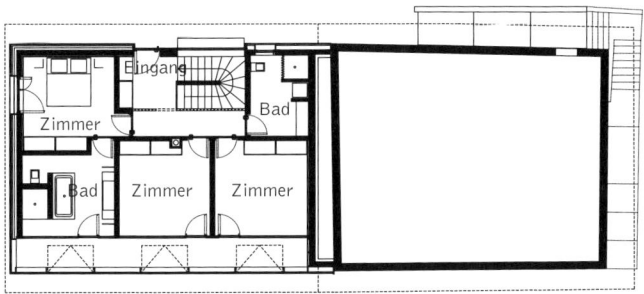

Obergeschoss

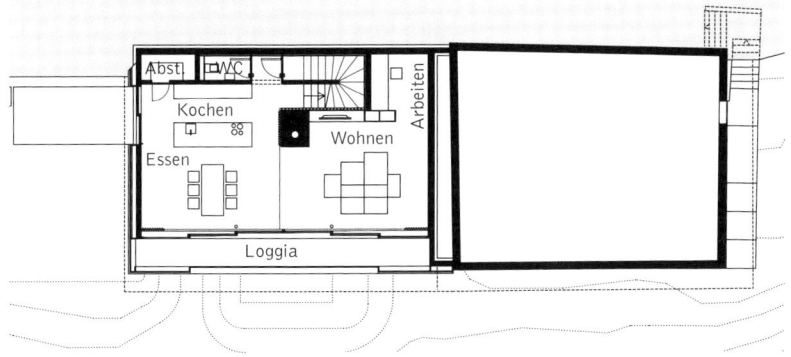

Erdgeschoss

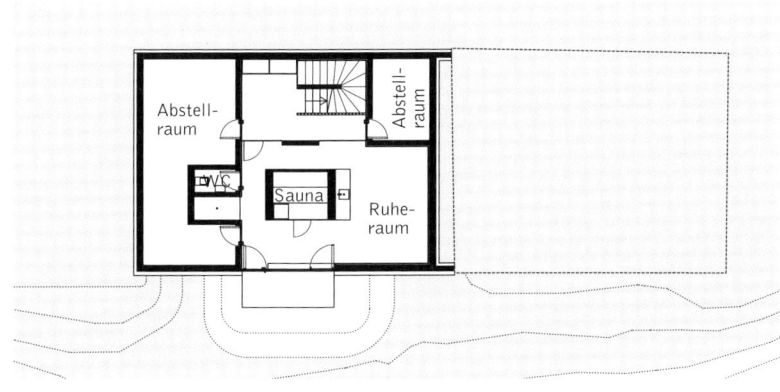

Untergeschoss

Projektdaten

WOHN- UND NUTZFLÄCHE 240 m²
AUSSENWANDAUFBAU tragende Betonwand, beidseitig davon gedämmte Holzkonstruktion
FASSADE Fichtenholzlatten, vertikal angeordnet
INNENWANDAUFBAU Holzständerbauweise
WANDOBERFLÄCHEN Holzvertäfelungen Weißtanne; Bäder: Kalkglätte
FUSSBÖDEN Eichendielen, sägerau, geseift; Bäder: Lehmkassein
DECKENUNTERSICHTEN Weißtanne; Wohngeschoss: Holzakustikdecke Weißtanne
DACH Kaltdach mit Faserzementdeckung
HEIZUNG Erdwärmepumpe

FOTOGRAFIEN Adolf Bereuter

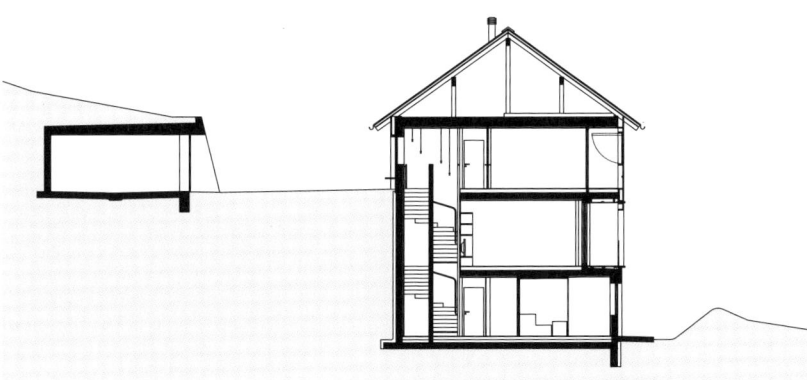

Schnitt

FLACHDACHHAUS IN MISCHBAUWEISE AM BODENSEE

Klarheit und Kontraste

PLANUNG Beate Voglreiter und Markus Willmann

In einem Baugebiet mit Satteldachhäusern aus den 1980er- bis 2000er-Jahren sticht dieser Neubau mit Flachdach deutlich hervor. Nicht dass er seine Umgebungsbebauung in den Schatten stellen wollte, im Gegenteil: Bewusste Schlichtheit und Klarheit in Formensprache und Materialwahl waren zwei entscheidende Entwurfsaspekte, das Flachdach ergab sich gleichsam als Konsequenz daraus.

Zunächst fällt das Obergeschoss auf, ein Kubus in Holzbauweise, der auf dem deutlich kleineren Erdgeschoss aus Sichtbeton ruht. Der Überhang des Obergeschosses stützt sich auf einen markanten Rahmen, ebenfalls aus Sichtbeton, er schafft so Raum für Fahrzeuge und schützt den Eingangsbereich vor der Witterung. In Verlängerung des Essbereichs überdacht der auskragende Holzkubus eine Terrasse, darüber wurde eine Loggia in das Volumen eingeschnitten. Diese Freibereiche bilden den Übergang zwischen innen und außen. Zur Verschattung oder als Sichtschutz lassen sie sich mit Außenvorhängen schließen.

Die Materialwahl beherrscht ein Dreiklang: Die sägeraue Fassade und ein sägerauer Riemenboden, beide gefertigt aus Weißtanne, stehen in Kontrast zu den glatten und harten Oberflächen von Beton und Glas. Handwerklich angefertigte Einbaumöbel fügen sich dezent weiß ein. Im Innenraum verbindet eine zweigeschossige Wand aus Sichtbeton als prägendes Element beide Geschosse. Im Erdgeschoss trennt sie den Eingangsbereich mit Toilette und Technikraum vom offenen Koch- und Essbereich, im Obergeschoss steht sie zwischen dem Wohnraum und dem Schlafbereich. Während sich der Wohnraum gartenseitig zur Loggia öffnet, bietet er auf der Rückseite einen kleinen Arbeitsbereich, der über ein raumhohes Schiebeelement als Rückzugsort abtrennbar ist.

Der Stückholzofen, der im Erdgeschoss am Essplatz in die Sichtbetonwand eingelassen ist, übernimmt die Warmwassererzeugung und die Beheizung des Gebäudes. Unterstützt wird er von einer Solarthermieanlage, deren Erträge denselben Pufferspeicher erwärmen.

oben Nachts treten die großen Glasflächen besonders deutlich hervor.

unten Die große Terrasse vor der Wohnküche kann auch bei schlechterer Witterung als überdachtes Gartenzimmer genutzt werden. Außenvorhänge schützen vor Sonne, Wind und Einblicken.

vorherige Seite Einschnitte, Auskragungen und Außenvorhänge geben dem kubischen Baukörper Leichtigkeit, unterstrichen durch die horizontale Lamellenbekleidung.

oben Der straßenseitig auskragende Teil des Obergeschosses liegt auf einem markanten Betonbügel auf. Links im Bild ist die passend ins Gesamtbild gefügte Garage zu sehen.

Die Architekten über ihren Entwurf:

„ Das Haus bietet räumliche Vielfalt und Platz genug für vier Personen. Eine bewusst hochwertige und langlebige Ausstattung macht das Haus ebenso wohnlich wie nachhaltig. Es überzeugt mit Komfort, Ästhetik und Nachhaltigkeit – Eigenschaften, die den Nerv der Zeit treffen und den Bedürfnissen heutiger Bauherren entgegenkommen.

oben und rechts oben Die Wohnküche mit starken Außenbezügen stellt den täglichen Lebensmittelpunkt der Familie dar. Der Stückholzofen an der Sichtbetonwand unter der Treppe heizt das Haus über einen solarthermisch unterstützten Pufferspeicher.

links Blick vom Hauseingang Richtung Küche. Garderobe und Küchenrückfront gehen nahtlos ineinander über. Der Wechsel im Boden und die Engstelle im Durchgang zonieren zwischen dienenden Vorräumen und dem Wohnbereich.

rechts unten Blick von der Küche zum Hauseingang.

oben Der Wohnraum befindet sich im Obergeschoss. Er wird ergänzt von einer großen Loggia, die mit Außenvorhängen geschlossen werden kann.

Mitte Die Schlafräume werden über einen Flur erschlossen, der vom Wohnraum abzweigt. Die weiße Wandbekleidung mit Uhr lässt sich beiseiteschieben, dahinter verbirgt sich der Fernseher.

unten Auch im Bad setzt sich die Deckenuntersicht aus Weißtannelamellen fort.

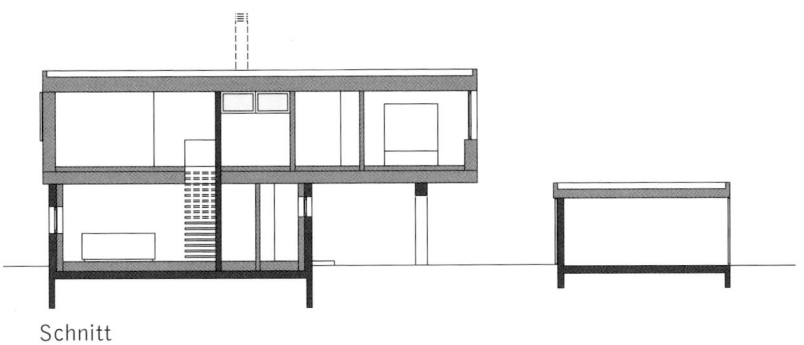
Schnitt

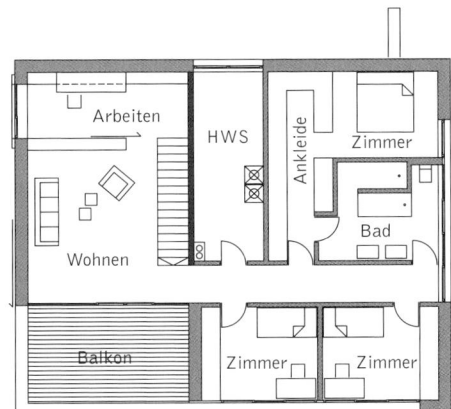
Obergeschoss

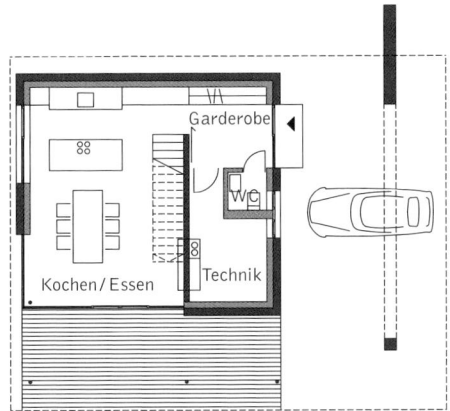
Erdgeschoss

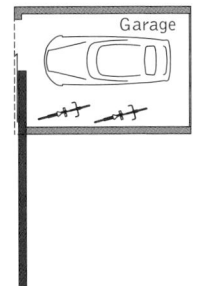

Projektdaten

WOHNFLÄCHE 171 m² (48 m² im EG, 123 m² im OG)
AUSSENWANDAUFBAU Erdgeschoss: Beton; Obergeschoss: Holzständerbauweise mit Holzfaserdämmung und innenseitiger Installationsebene
FASSADE Erdgeschoss: Beton; Obergeschoss: hinterlüftete Schalung aus unbehandelten Weißtannelatten
INNENWANDAUFBAU Obergeschoss: Holzständerbauweise
WANDOBERFLÄCHEN Gipskartonplatten, gespachtelt
FUSSBÖDEN Weißtanne-Riemenboden; geschliffener Estrich im Eingangsbereich und in Sanitärbereichen
DECKENUNTERSICHTEN Weißtannelattung, hinterlegt mit Akustikvlies
DECKEN Erdgeschoss: Holzbalkendecke; Obergeschoss: Massivholzdecke
DACH Flachdach mit Bitumenabdichtung
HEIZUNG Stückholzofen mit solarthermischer Unterstützung und Pufferspeicher

FOTOGRAFIEN Johannes Kottjé

BUNGALOW BEI WIEN, ÖSTERREICH

Auffällig unauffällig

PLANUNG Stadtgut Architekten, Valerie Aschauer und Nikolaus Westhausser

Wenn die Ackerflächen nördlich des Hauses frisch gepflügt und erdig sind, verschmilzt der flach geduckte, polygonale Bau besonders gut mit der Landschaft. Die zweifarbige Holzfassade nimmt die Brauntöne der Natur auf und überträgt sie in ein stilisiertes Streifenmuster. Doch auch wenn die Umgebung ergrünt, scheint das Haus durch sein vom Boden aus ansteigendes Gründach fest im Baugrund verwurzelt. Die Planer passten das neue Heim für eine vierköpfige Familie respektvoll in die Landschaft ein, dennoch – oder gerade deswegen – sticht es aber zwischen den oft nichtssagenden Standardbauten ringsum besonders heraus. Eine Gemeinsamkeit hat es jedoch mit vielen von diesen: Es wurde in Holzständerbauweise vorgefertigt und vor Ort an nur drei Tagen aufgestellt. Ein halbes Jahr später konnte die Familie einziehen. Mit seinen vielen Abweichungen vom rechten Winkel war der Entwurf prädestiniert für eine Holzbauweise. Ihn aus Beton zu gießen, wäre ebenfalls möglich gewesen, hätte jedoch den ökologisch-erdverhafteten Ansatz völlig verfehlt. Der nahezu dreieckige Grundriss, der große, zentrale Wohnraum und weitere Details verlangten einerseits an einigen Punkten mehr als Standardausführungen; andererseits erlaubte die Holzbauweise Eigenleistung in größerem Umfang, wodurch sich die Mehrkosten überwiegend wieder ausgleichen ließen.
Um den polygonalen, offenen Wohnraum mit Küche gruppieren sich als geschlossene Rückzugsräume der Schlaftrakt der Eltern, ein Arbeitszimmer und die beiden Kinderzimmer. Ein Spielbereich ist halboffen mit dem Wohnraum verbunden. Der Eingangsbereich, Nebenräume und ein überdachter Stellplatz wurden an der breitesten Stelle in den Baukörper integriert.
Die Fassade ist als hinterlüftete Lärchenschalung und im Bereich der Terrasse als hinterlüftete Bekleidung mit großformatigen Holzwerkstoffplatten ausgeführt. Ein Teil der horizontal angeordneten Lärchenbretter wurde natürlich belassen, der andere Teil mit einer dunklen Öllasur gestrichen, während die Plattenbekleidung mit farbigem Leinöl behandelt wurde. Ein extensiv begrüntes Warmdach überspannt das Haus.

vorherige Seite Holz unbehandelt lassen oder nicht? Diese Frage wurde hier mit »sowohl als auch« beantwortet. So entstand das gemusterte Bild der Lärchenholzfassade.

links Mit seiner organischen Form und dem begrünten Dach fügt sich das Haus respektvoll in die Landschaft ein.

unten An der Schmalseite wurde ein Stufenbeet in die Fassade integriert.

unten Der zweiseitig belichtete Wohn-/Essraum nimmt die polygonale Formensprache des Gebäudes auf.

rechts Fast schon gewöhnlich gibt sich das Bad, hell belichtet durch eine bodentiefe, rahmenlose Verglasung.

Die Bauherren über ihr Haus:

„ Das Besondere an unserem neuen Haus ist äußerlich die einzigartige Form, die sich von der Umgebung abhebt, sich aber trotzdem schlank und aus der Ferne unauffällig in die Landschaft einpasst. Toll ist das Raumgefühl, mit der Küche als Insel im Zentrum und dem herrlichen Ausblick sowohl Richtung Feld als auch zum Garten. Die meisten Besucher sind überrascht, was sich in der Tiefe noch alles an Räumen auftut! Besonders freuen wir uns auf den Frühling, wenn wir das Wohnzimmer auf die große Terrasse ausdehnen können.
Was den Kindern gefällt: Sie haben so viel Platz zum Spielen, dass sie jetzt einmal rund um die Küche rennen können!

oben Ist der benachbarte Acker frisch gepflügt, lässt sich die Intention des Entwurfs besonders gut ablesen.

Die Architekten zu ihrem Entwurf:

„ Ein Haus am Dorfrand, am Acker, soll von weiter weg gesehen mit der Umgebung verschmelzen. Von der Nähe betrachtet muss das Gebäude aber trotzdem eine starke Präsenz haben, um die Identifikation der Bewohner mit ihrem Haus herzustellen. Das ist eine Gratwanderung, die, denken wir, gut gelungen ist. Wir wollten ein ökologisch sinnvolles Haus realisieren, die Bauherren von den Qualitäten des Holzbaus überzeugen – und sie vor allem glücklich machen.

Projektdaten

WOHNFLÄCHE 192 m²
ZUSÄTZLICHE NUTZFLÄCHE 20 m²
AUSSENWANDAUFBAU Holzständerbauweise mit Mineralwolle- und Holzfaserdämmung
FASSADE Lärchenholzbekleidung, teils naturbelassen, teils mit Öllasur gestrichen; Holzwerkstoffplatten, mit Leinöl gestrichen
INNENWANDAUFBAU Holzständerbauweise, mit OSB-Platten beplankt
WANDOBERFLÄCHEN Gipskarton, gespachtelt und gestrichen
FUSSBÖDEN Dielenboden
DECKENUNTERSICHTEN Untersicht des Massivholzdaches (Nadelholz, geweißt)
DACH Massivholz (Kreuzlagenplatten), Attika Brettschichtholz, Stahlträger im Wohnbereich
HEIZUNG Luft-Wasser-Wärmepumpe

FOTOGRAFIEN Heinz Schmölzer

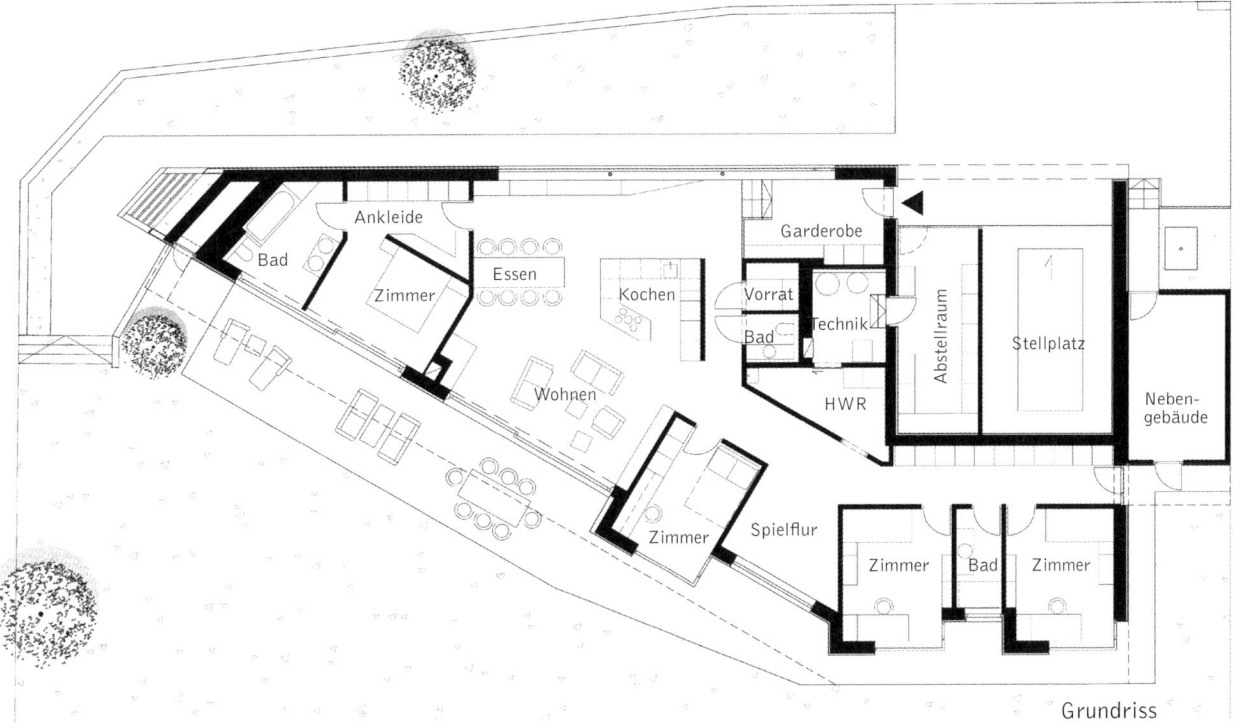

Grundriss

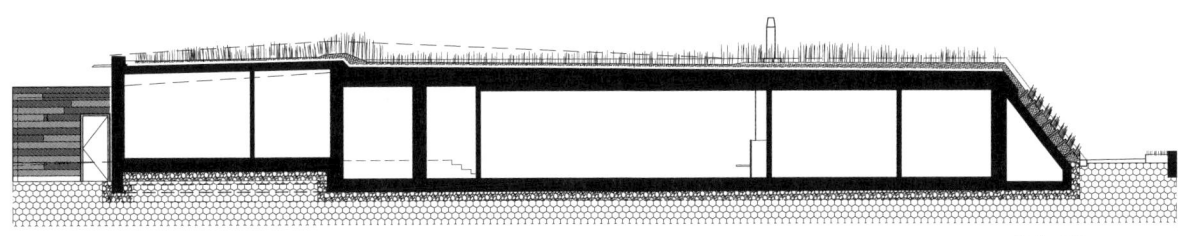

Schnitt

LANDHAUS MIT NEBENHAUS BEI SCHWÄBISCH HALL

Filigrane Präzision

VORENTWURF Eltner Architekten
ARCHITEKTONISCHE UMSETZUNG Schwarzwälder – design zieht ein

Das Grundstück ist Idylle pur: Von unbebauter Natur umgeben, streift der Blick weit über Wiesen und Wälder. Ein solcher Bauplatz verlangt nach hochwertiger Architektur, die zur Ästhetik des Bilds passt, ohne sich selbst zu wichtig zu nehmen; Architektur, die sich einfügt und einen Akzent setzt, ohne grell herauszustechen. Wie könnte man diesen Anspruch besser erfüllen als mit einem betont schlichten, aber bis ins Detail besonders qualitätvoll gestalteten und ausgeführten Holzhaus? Als die Bauherren das Gelände erwarben, stand dort ein alter Bauernhof. Der gewünschte Ersatzbau sollte drei separate Wohneinheiten für die vierköpfige Familie, für die Großmutter und für Gäste bieten. Der Entwurf wahrt den Maßstab des Orts, indem er das Raumprogramm auf zwei Baukörper aufteilt und so zugleich die frühere Hofsituation in stilisierter Form wieder aufnimmt: Während das Haupthaus als Domizil der Familie fungiert, lebt die Großmutter heute im Erdgeschoss des etwas kleineren Nebengebäudes. Darüber, unter dem Dach, wurde eine Wohnung für Gäste eingerichtet. Giebelseitig ist unauffällig eine Doppelgarage in den Baukörper integriert.
Beide Häuser geben sich als stilistisch einheitliche, rechteckige Satteldachbauten ohne Überstände oder Ornamente. Bemerkenswert ist die Präzision der Details: Die Fassaden wurden mit feingliedrigen, vertikal angeordneten Weißtannelatten bekleidet. Ihren oberen Abschluss findet die Lattung in einem umlaufenden Zinkblech.
Während die holzumrahmten Fenster ansonsten als Lochfassade gestaltet sind, öffnet sich der Wohnbereich des Haupthauses über ein rahmenloses Panoramafenster am Giebel sowie eine breite, zurückversetzte Glasfassade. Der dadurch entstehenden Überstand verschattet die raumhohe Verglasung und schafft zugleich einen wettergeschützten Teil auf der zum Garten orientierten Terrasse. Im Inneren befindet sich hier ein beinahe durchgängiger, nur durch einen Wandvorsprung und ein Einbaumöbel zwischen Eingang und Küche leicht zonierter Wohnraum, dessen eindeutiges Zentrum der Essplatz unmittelbar an der Kochinsel darstellt.
Die Grenzen zwischen Planung und Ausführung verschwammen bei diesem Entwurf: Die mit den Bauherren befreundeten Architekten übernahmen lediglich Vorplanung und Baueingabe, die Ausführungsplanung und die Detailplanung erfolgten durch die Firma Schwarzwälder mit ihrem Motto »Design zieht ein«, die den Bau auch ausführte.

vorherige Seite An Details wie den Gauben und Rücksprüngen lässt sich die Präzision der Ausführung besonders gut ablesen.

links Das Gebäudeensemble aus dem Haupthaus der Familie und dem Nebenhaus für Großmutter und Gäste im Überblick.

unten links Dank des Rücksprungs in der Fassade ist der Hauseingang wettergeschützt.

unten rechts Der Ersatzbau wurde harmonisch in sein ländliches Umfeld eingefügt.

links Große, teils feststehend rahmenlose, teils öffenbare Fensterflächen holen die Landschaft ins Haus, hier im Wohnraum mit Küche und Essplatz.

rechts Ein großer Einbauschrank trennt die Küche vom Eingangsbereich.

links Vom Eingangsbereich mit Garderobenschrank führt die Treppe ins Obergeschoss.

Mitte Einbauschränke als raumbildende Elemente kamen auch im Obergeschoss zum Einsatz, hier zwischen Bad und Schlafzimmer. Rechts im Bild die Sauna.

rechts Im Wohnraum bietet das Panoramafenster großzügige Ausblicke.

ganz oben und oben Wohnraum (oben) und Küche der Gästewohnung folgen in ihrer Gestaltung der Hauptwohnung.

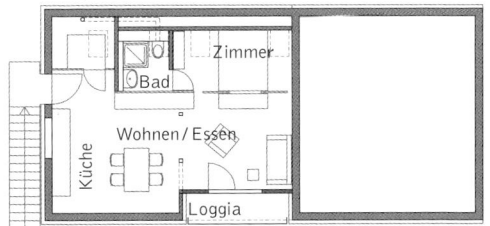

Projektdaten

WOHNFLÄCHE 210 m² (Haupthaus), 100 m² (Nebenhaus)
AUSSENWANDAUFBAU Holzständerbauweise mit Holzfaserdämmung
FASSADE Weißtannelatten, sägerau, 40 × 40 mm, vertikal angeordnet
INNENWANDAUFBAU Holzständerbauweise
WANDOBERFLÄCHEN Gipskarton, gespachtelt und gestrichen
FUSSBÖDEN Eichendielen
DECKENUNTERSICHTEN Gipskarton, gespachtelt und gestrichen
DACH Satteldach mit Ziegeldeckung
HEIZUNG UND BELÜFTUNG Luft-Wasser-Wärmepumpe, Fußbodenheizung; integrierte Be- und Entlüftungsanlage mit Wärmerückgewinnung

FOTOGRAFIEN René Lamb

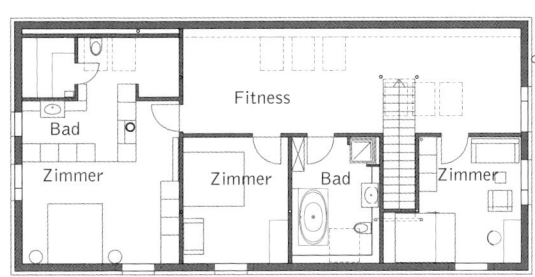

Obergeschoss

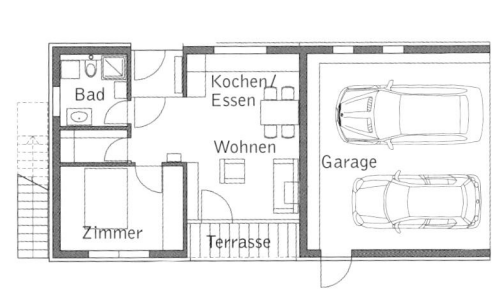

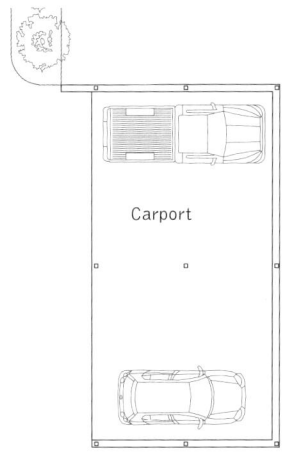

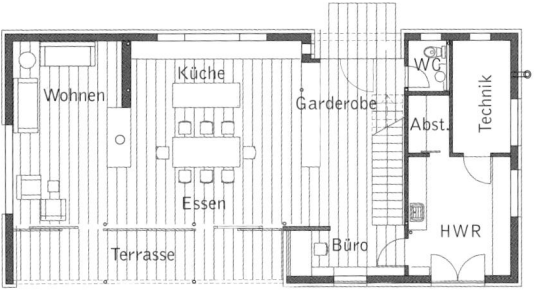

Erdgeschoss

NEUBAU EINER VILLA AM ZÜRICHSEE, SCHWEIZ

Am Hang gestaffelt

PLANUNG k_m architektur Daniel Sauter

Moderne Holzarchitektur, meist mit hellen Fassaden in Weißtanne – dafür ist k_m architektur seit Jahren bekannt. Die hier vorgestellte Villa am Zürichsee geht einen neuen Weg. Erst auf den zweiten Blick zeigt sie nach außen hin das konstruktiv eingesetzte Material Holz – erneut Weißtanne, nun jedoch dunkel lasiert – als Bekleidung der geschlossenen Wandabschnitte. Die Stirnseiten der Decken und des Dachs sind nach außen kontrastierend weiß bekleidet und unterstreichen die gestreckte, horizontale Ausrichtung des Entwurfs.

Das Wohnhaus wurde auf einem steil abfallenden Hanggrundstück mit Panoramablick errichtet. Ein Sockelgeschoss aus Sichtbeton liegt parallel zur Höhenlinie im Hang und bildet den Raum für einen Eingangsbereich, einen Innenhof, Nebenräume und eine Doppelgarage. Erst deutlich dahinter und etwa zwei Geschosse höher befindet sich das Erdgeschoss. Eine zweiläufige gewinkelte Treppe sowie der dezent integrierte Lift führen vom unteren Innenhof zum höher gelegenen Eingangshof. Von dort betritt man den teils verglasten Eingangsbereich, der in den großzügigen Wohnbereich übergeht, ohne gleich allzu offene Einblicke zu gewähren. Ebenso wurde der Wohnbereich mal mehr, mal weniger offen zoniert und bietet eine Sitzgruppe, einen Essplatz mit über Eck anschließender Küche sowie die Bibliothek hinter einem raumteilenden, gemauerten Kamin. Die rückwärtige Wandvertäfelung in Eiche lässt die Holzbauweise prägnant zum Teil des Ambientes werden.

Terrasse und Garten ergänzen den Innenraum, der schier endlose Panoramablick über den Zürichsee und die Alpen verleiht ihm zusätzlich Weite. Die großen Glasscheiben und eine transparente Brüstung sorgen für ein Gefühl nahtloser Übergänge. Vordächer verschatten die Fassaden und verhindern Überhitzung im Sommer.

In das außen leicht zurückversetzte Obergeschoss führt eine einläufige Holztreppe, der Flur erschließt die Kinderzimmer mit Bädern. Eine überdachte Terrassenfläche sowie der zu einer offenen Bibliothek aufgeweitete Flur trennen den Elternbereich mit Schlafzimmer, Ankleide und Bad optisch und räumlich ab. Ein Panoramafenster in der Bibliothek öffnet den Raum hangseitig mit Blick auf die direkt angrenzenden Grünflächen. Solare Wärmeenergiegewinne durch die tief stehende Wintersonne und die Beheizung über eine Erdwärmepumpe sind wesentliche Bestandteile des Energiekonzepts des Hauses.

vorherige Seite Das Haus wird mit großer Geste über einen Innenhof erschlossen. Von dort führt eine Treppe zum Hauseingang. Die Materialien Holz und Sichtbeton ergänzen sich harmonisch-kontrastierend.

oben Von Haus und Garten aus hat man einen grandiosen Blick über die nahe Bergwelt.

rechts Der Bau staffelt sich auf mehreren Ebenen am Hang. Die beiden Hauptwohngeschosse rahmen einen Garten weit oberhalb der Zugangsebene.

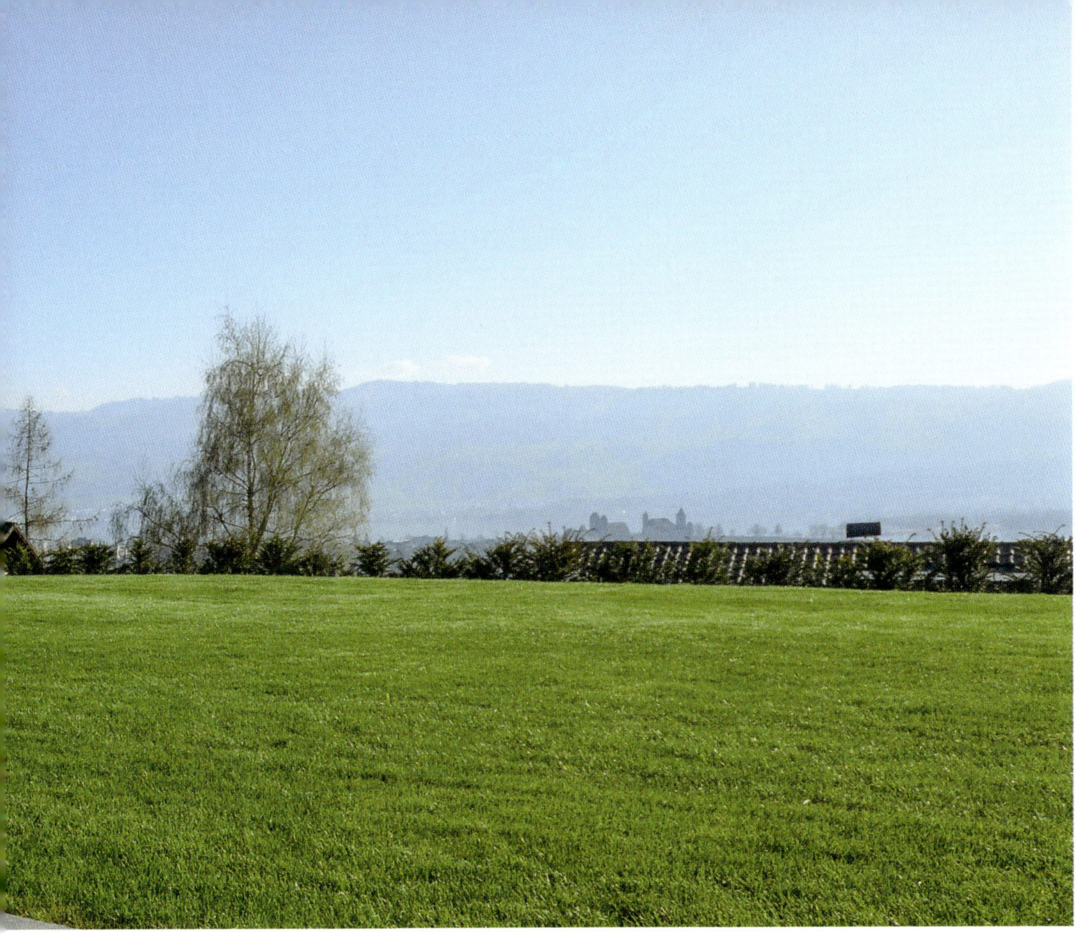

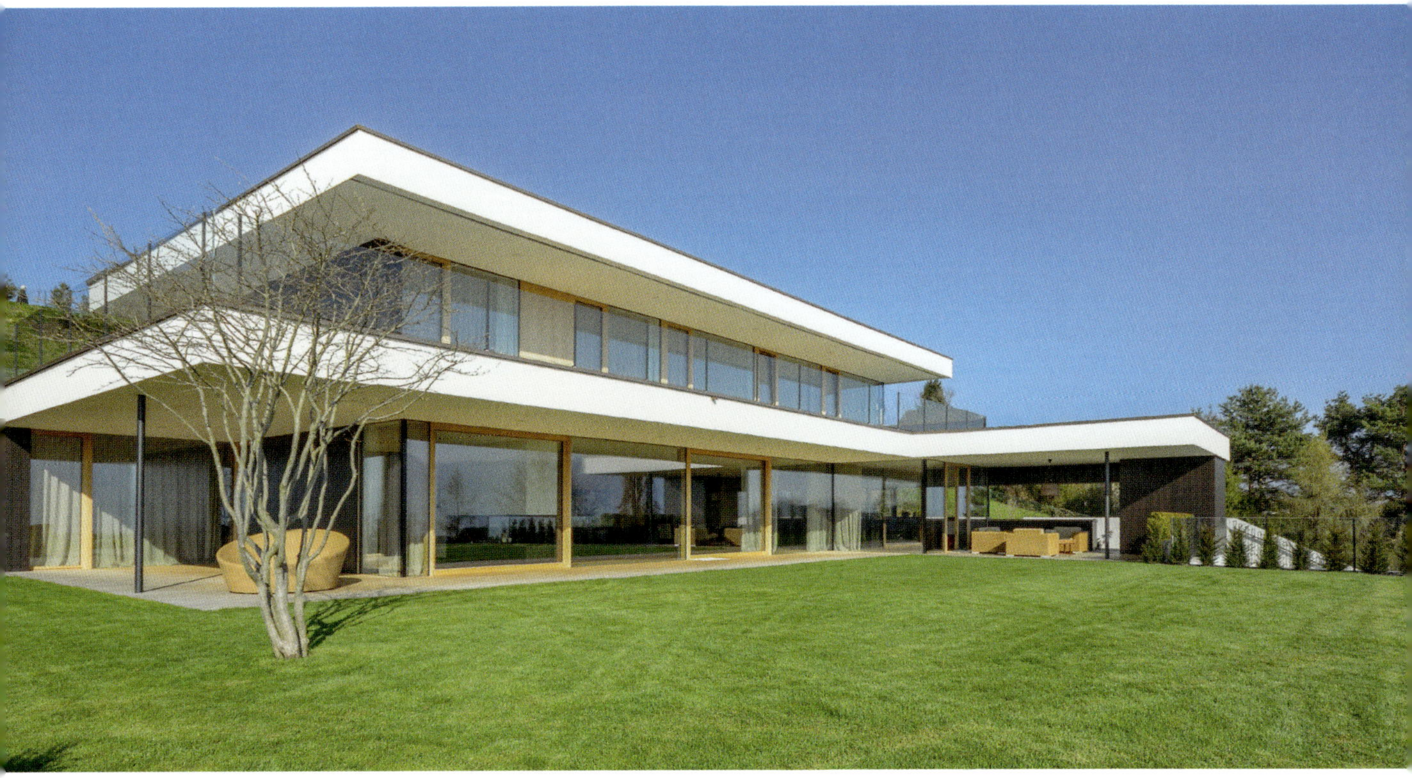

ganz oben Blick von der Terrasse, die das Obergeschoss fasst.

oben Holz und Glas rahmen den Hauseingang.

rechts oben Böden und Wandbekleidungen in ruhig gemaserter Eiche prägen den großen Wohnraum. Im Hintergrund sind Küche und Essplatz zu sehen.

rechts unten Der Entwurf zelebriert die große Geste, hier am frei stehenden Kamin im Wohnraum.

111

oben Der Wohnraum im Überblick von der Küche aus, rechts befindet sich der Eingangsbereich.

ganz links Auch der Küchenblock gibt sich ausschweifend dimensioniert.

links Baden mit Bergpanorama: Auch das Bad bietet Weitblick.

links Hangseitig ist ein weiterer kleiner Innenhof integriert.

rechts Ein eingestelltes Garderobenmöbel trennt den Eingangsbereich ab.

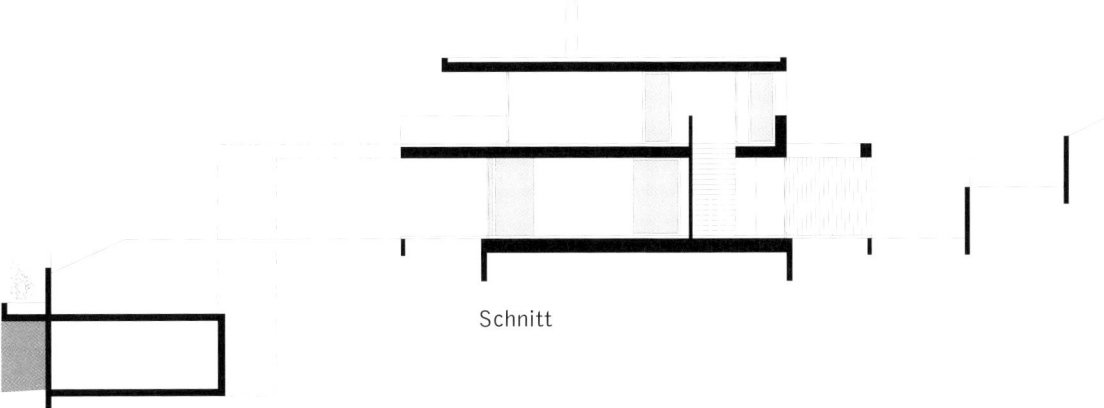

Schnitt

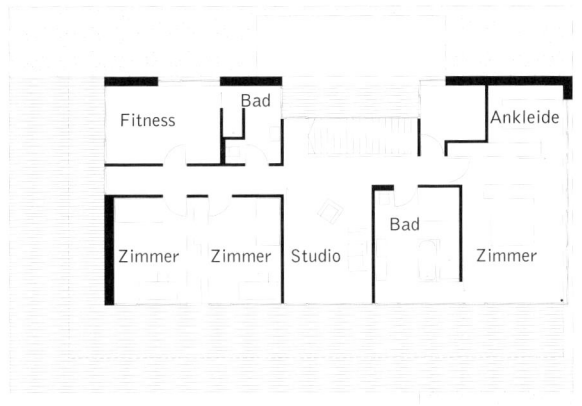

Obergeschoss

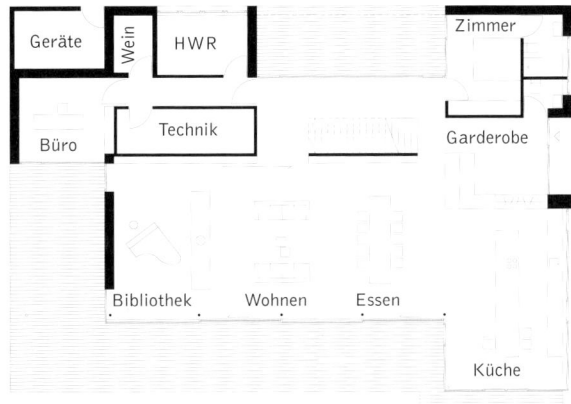

Erdgeschoss

Projektdaten

WOHNFLÄCHE 400 m²
NUTZFLÄCHE 280 m²
AUSSENWANDAUFBAU Holzständerbauweise mit innenseitiger Installationsebene
FASSADE hinterlüftete Weißtannebekleidung, braun lasiert; Attika mit Faserzementplatten bekleidet
INNENWANDAUFBAU Holzständerbauweise
WANDOBERFLÄCHEN Vertäfelungen mit Dreischichtplatten Eiche furniert
FUSSBÖDEN Eichendielen
DECKENUNTERSICHTEN Gipskarton, gespachtelt und gestrichen
DACH hinterlüftetes Walmdach mit Kupferdeckung
HEIZUNG Erdwärmepumpe, Fußbodenheizung

FOTOGRAFIEN Daniel Sauter

WOCHENENDHAUS BEI TIMMENDORFER STRAND

Puristischer Rückzugsort

PLANUNG Mißfeldt Kraß Architekten

Bei der Fahrt durch Dörfer zwischen Lübeck und Kiel stechen zwei traditionelle Bauweisen besonders hervor: Wohnhäuser und Ställe mit Ziegelfassade, meist naturrot, sowie Scheunen mit Bretterverschalung, einst gern mit schwarzer Teerölfarbe gestrichen. Beide Bauweisen bieten sich auch heute noch an, um ein Gebäude regionaltypisch in die dortigen gewachsenen dörflichen Strukturen einzufügen. Längst hat man auch hier im Norden die zweckdienlichen Holzbekleidungen der Scheunen als interessante Alternative zur massiver und schwerer wirkenden Ziegelbauweise bei Wohnhäusern entdeckt.

Bei diesem Wochenendhaus stand die puristische Leichtigkeit eines landwirtschaftlichen Nebengebäudes Pate, modern interpretiert als kleiner, bewusst nicht allzu repräsentativer Rückzugsort für die Bauherrenfamilie. Diese hatte schon länger nach einem Grundstück mit unmittelbarem Landschaftsbezug gesucht. Schließlich fand sich eine Parzelle, die die Verkäufer von ihrem großen Garten abtrennten. Sie grenzt unmittelbar an einen Acker, im Hintergrund rahmen idyllische Baumgruppen den Blick.

Mit zwei versetzten Pultdächern statt einem ungeteilten Satteldach unterscheidet sich die Kubatur in einem markanten Punkt allerdings doch von einer Scheune. Die Erklärung dafür findet sich im Innenraum: Nur der rückwärtige Teil des Hauses ist zweistöckig, durch den Wandabschnitt unterhalb des oberen Pultdachs erhält das galerieartige Obergeschoss eine vertikale Fensterfront mit weitem Blick über die Landschaft. Die großen, nach Südwesten orientierten Fenster bringen zudem viel Licht in den unter anderem als Malatelier genutzten Raum. Östlich schließt ein deutlich kleineres, abgetrenntes Zimmer an.

Unter diesem oberen Geschoss befinden sich die Schlafräume, das Bad und der Heizraum. Mittig betritt man hier das Haus und kann es sogleich bis in den Garten durchblicken. Ein kleiner zweigeschossiger Bereich unmittelbar hinter der Haustür lässt den Innenraum schon nach dem Betreten besonders luftig wirken. Der zum Garten hin vorgelagerte, wenige Stufen tiefer liegende Wohnraum unterstreicht diesen Charakter mit durchgängiger Glasfassade und überhoher Raumhöhe bis zum unteren Pultdach.

In bewusstem Gegensatz dazu stehen die beiden Schlafräume: Klein in der Fläche und gedrungen in der Höhe, bieten sie betont intime Geborgenheit. Für mehr als ein Doppelbett bieten sie keinen Platz, doch die vermeintlichen Wandoberflächen zum Wohnraum hin entpuppen sich als Einbauschränke mit viel Stauraum. Dieses Einbaumöbel setzt sich jeweils

im Erschließungsgang zwischen den Schlafzimmern fort. Die Fronten aus Fichte-Dreischichtplatten nehmen die Materialität der Unterseite der Massivholzdecke auf, die sichtbar blieb.

Weitere kleinere Einbaumöbel sind unprätentiös in das charmante Haus integriert: ein in die Wand eingelassener Schrank im Kochbereich etwa oder ein Bücherregal bei der Sitzgruppe. Im Obergeschoss umspannt ein Mal- und Schreibtisch mit seiner Ablagefläche die gesamte Brüstung zum Luftraum hin. Schließlich stellt auch das Sitzfenster im Wohnbereich eine Art von Möbel dar, das zugleich die Themen Offenheit und Geborgenheit nochmals auf besondere Weise verbindet.

vorherige Seite Große Glasfassaden und eine durchgängige, leicht erhöhte Terrasse verbinden die Wohnräume mit Garten und unmittelbar anschließender Landschaft.

unten links In der Dämmerung kommt das Spiel der Öffnungen besonders gut zur Geltung.

unten rechts Die teerschwarze Fassadenfarbe wurde als Reminiszenz an regionaltypische Scheunen gewählt.

rechts Das Grundstück grenzt unmittelbar an weite Wiesen- und Ackerflächen.

oben Das Giebelfenster im Wohnraum dient zugleich als Sitzmöbel mit Ausblick.

unten Der Wohnraum mit Essplatz und Küche erstreckt sich über die gesamte Länge des Hauses hinter der gartenseitigen Glasfassade.

rechts Ruhig, aber vielschichtig und dezent farbig geben sich die bewusst nicht allzu großen Räume.

oben Der Wohnraum verfügt nur über eine geringe Tiefe, holt so die Umgebung noch intensiver ins Haus.

unten Der Niveauunterschied zwischen Eingangsbereich und Wohnraum gliedert, ohne zu trennen. So entstanden bewusst definierte Bereiche und eine heimelige Kleinteiligkeit.

ganz unten Einbaumöbel befinden sich an mehreren Stellen, teils in die Wand eingelassen wie hier in der Küche.

oben links Auch das Inventar des Bads fertigte der Schreiner individuell nach Entwurf der Architekten.

oben rechts Blick vom Eingang in und durch das Schlafzimmer, rechts das Bad.

links Die Garderobe setzt einen farblich markanten und funktionalen Akzent.

unten Die Galerie dient der ganzen Familie als Spielbereich, Leseecke, Fernsehzimmer und Atelier. Arbeitstisch und Ablage bilden mit der Brüstung eine Einheit.

ganz unten Bewusst so klein wie möglich fielen die Schlafzimmer aus.

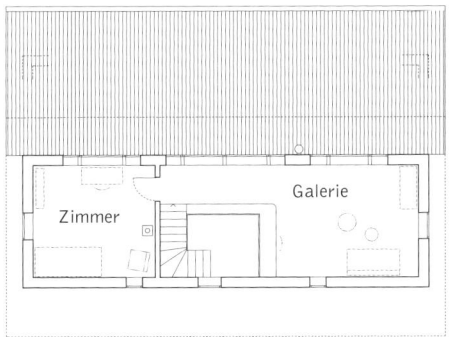

Obergeschoss

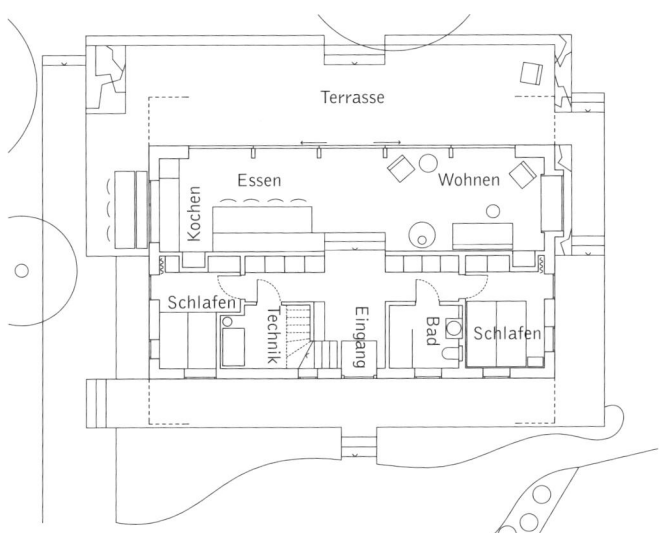

Erdgeschoss

Projektdaten

WOHNFLÄCHE 94 m²
ZUSÄTZLICHE FUNKTIONSFLÄCHE 4 m²
AUSSENWANDAUFBAU Holzständerbauweise mit 22 cm Zelluloseflockendämmung, außenseitig Holzfaserdämmplatten
FASSADE hinterlüftete Fichtenschalung, schwarz lasiert (Teerölimitat)
INNENWANDAUFBAU Holzständerbauweise
WANDOBERFLÄCHEN Lehmputz auf Gipskarton
FUSSBÖDEN Eichendielen
DECKEN Massivholzelemente
DECKENUNTERSICHTEN Gipskartonplatten, gespachtelt
DACH versetzte Pultdächer mit Abdichtung aus Bitumenbahnen
HEIZUNG Holzofen im Wohnbereich, Pelletheizung mit unterirdischem Außentank, Wärmeverteilung über temperierte Betonsohle

FOTOGRAFIEN Johannes Kottjé

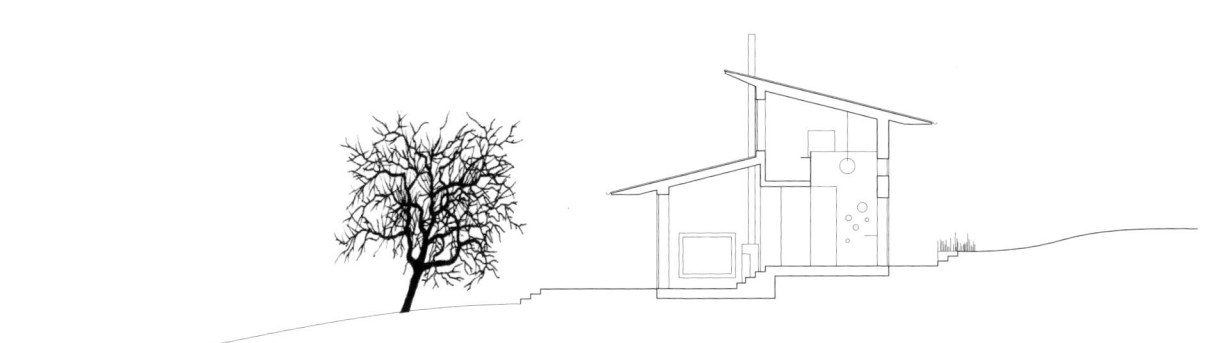

Schnitt

HAUS MIT WERKSTATT AM SCHARMÜTZELSEE

Ein Boots-Haus

PLANUNG Modersohn & Freiesleben Architekten

Ein Holzhaus sollte es sein, doch bloß nicht deutsch-rustikal, lieber skandinavisch-leicht. Filigran und luftig fiel dementsprechend der Entwurf von Modersohn & Freiesleben Architekten aus. Dass er Reminiszenzen an ein umgedrehtes Boot aufweist, zeigt, wie sehr die Planer auf ihre Bauherren eingingen: ein Ehepaar in den Sechzigern, das sich einen Alterssitz am Wasser wünschte. Der Mann hatte gerade eine Ausbildung als Bootsbauer absolviert und benötigte nun eine entsprechende Werkstatt im Haus.

Die Architekten planten das Haus um einen mit 8,50 × 6,20 Metern sehr geräumigen rechteckigen Wohnraum als Zentrum. Doch durch das Anfügen zweier kleiner Schlafzimmer, der Nebenräume und einer großen Werkstatt sowie an der Eingangsseite von Küche und Wirtschaftsraum entstand ein lang gezogener, achteckiger Grundriss. Gehüllt in silbrig glänzende Dreischichtplatten aus Lärche mit dunkler abgesetzten Nahtstellen und bekrönt von einem ebenso im Licht flirrenden, mehrfach gekanteten Blechdach, kommt die gedankliche Verbindung zwischen Holz und Rustikalität nicht ansatzweise auf. Materialien und Form wecken eher Assoziationen an das neue Betätigungsfeld des Bauherrn, ohne sich diesen anzubiedern. Unterstützt wird das durch die von unten sichtbare Schottenbauweise des Dachs über dem Wohnraum. Die weißen Innenoberflächen und die durch einen Fassadenrücksprung entlang der Längsseite teilüberdachte Terrasse sorgen für die gewünschte skandinavische Leichtigkeit. An der nach Süden ausgerichteten Längsseite öffnet sich der Wohnraum in ganzer Breite über Fenstertüren zum Garten.

Tatsächlich skandinavischer Bauart sind die Holz-Aluminium-Fenster: Ganz nach nordischer Manier öffnen sie nach außen. Dank der ungewöhnlichen Anordnung der Außenwände zueinander blickt man durch sie an den Nachbarhäusern vorbei in die Ferne.

vorherige Seite Mit ungewöhnlicher Form und Fassade nimmt der Bungalow Anleihen im Bootsbau.

oben Im zentralen Raum des Hauses findet das tägliche Leben statt. Hier sitzt man zusammen, kocht, isst, liest oder genießt einen lauschigen Abend auf der überdachten Terrasse, die von einer durchgängigen Glasfassade abgeteilt ist.

rechts Der große Wohnraum von innen. Dank der Glasfassade wird der Garten zum Teil des Innenraumambientes.

Die Architekten zu ihrem Entwurf:

„ Den Ausgangspunkt des Entwurfs bildet der zentrale Wohnraum mit Herd und Ofen, ein ›Ur-Haus‹ also. Die weiteren Bereiche fügen sich als Raumschicht schalenartig an drei Seiten um diesen Kern.

Die Bauherren über ihr Haus:

„ Wir haben ein Grundstück am Wasser gesucht, das nach Fertigstellung des Berliner Flughafens nicht vom Fluglärm belästigt wird. Gefunden haben wir es am Scharmützelsee. Die Architekten Modersohn & Freiesleben haben dafür ein wunderschönes energieeffizientes und sehr wohnliches Haus geplant. Der fast 5 Meter hohe Hauptraum vermittelt mit Küche, Feuer und skandinavischen Möbelklassikern ein Ferienfeeling.

rechts Die Leseecke im Wohnraum.

unten Die lang gestreckte Küchenzeile stammt aus der Werkstatt des Bauherrn. Der Verzicht auf Oberschränke bewahrt dem Raum auch hier seine Offenheit.

Projektdaten

WOHNFLÄCHE 131 m²
AUSSENWANDAUFBAU Holzständerbauweise mit mineralischer Wärmedämmung
FASSADE Dreischichtplatten aus Sibirischer Lärche, silbern gebeizt
INNENWANDAUFBAU Holzständerbauweise
WANDOBERFLÄCHEN Gipskarton, gespachtelt und gestrichen
FUSSBÖDEN Sichtestrich
DECKENUNTERSICHTEN Gipskarton, gespachtelt und gestrichen; Untersicht der Holz-Dachkonstruktion
DACH Pfettendach mit innen sichtbaren »Schotten«; Titanzink-Blecheindeckung
HEIZUNG Gasbrennwerttherme mit solarthermischer Unterstützung, Holzofen

FOTOGRAFIEN Maximilian Meisse

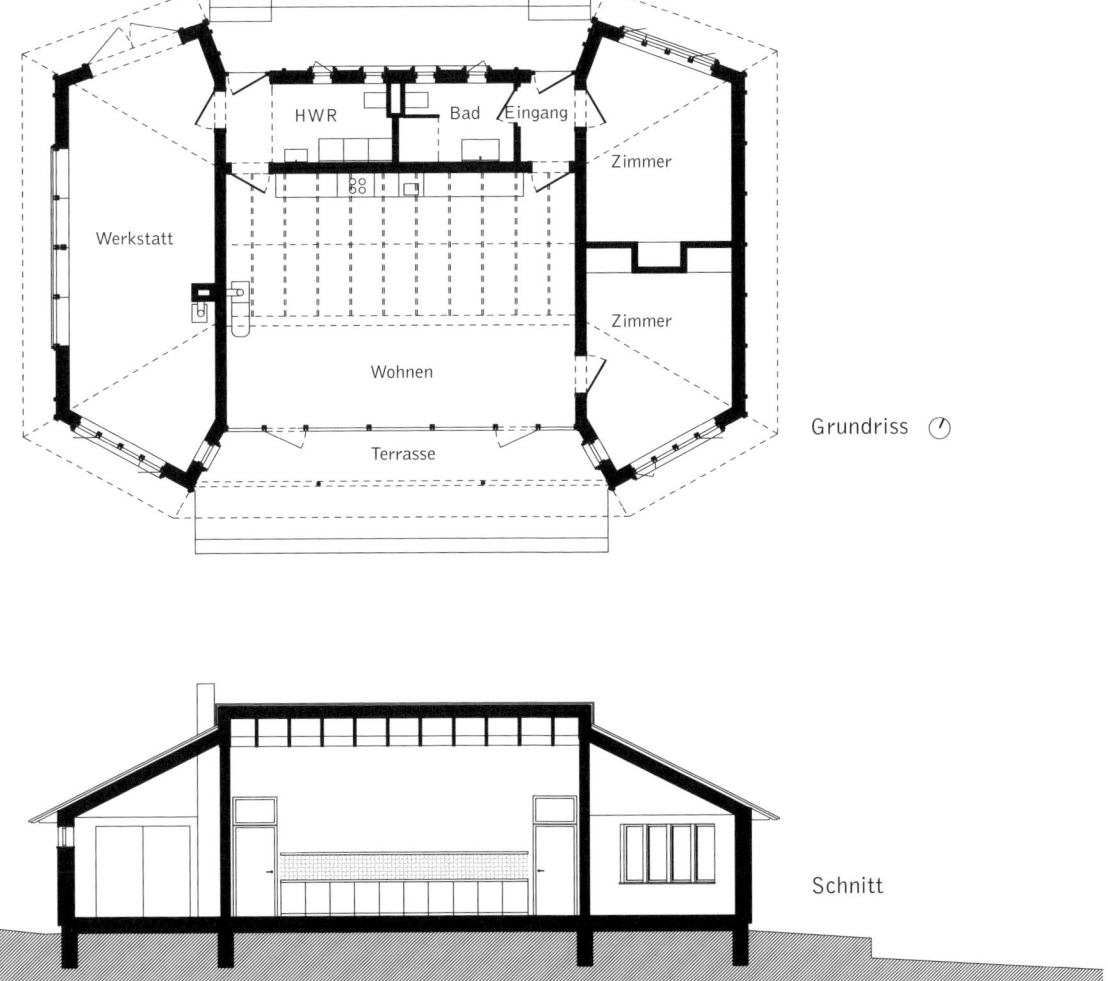

Grundriss

Schnitt

WOCHENENDHAUS BEI WIEN, ÖSTERREICH

Ein Kleinod außerhalb der Stadt

PLANUNG Juri Troy Architects

Eingebettet in einen alten Obstbaumbestand, steht etwas außerhalb von Wien seit Kurzem ein bemerkenswertes Holzhaus: Puristisch und modern, fügt sich der Bau mit asymmetrischem Satteldach und abknickendem First jedoch maßstäblich bestens in seine kleinteilige Umgebung ein. Trotz der begrenzten Wohnfläche des Wochenendhauses entstand im Inneren ein vielschichtiges Raumgefüge mit Charme und Wohnlichkeit.

In das abfallende Gelände wurde ein Sockel aus Sichtbeton eingelassen und darauf das mit vertikal angeordneten, filigranen Fichtenlamellen bekleidete Haus gestellt. Die Traufwände scheinen nahtlos in die Dachflächen überzugehen, der gartenseitige Giebel wurde vollflächig verglast, davor entstand eine überdachte Terrasse. Eine bewusst prägnante Unterteilung der Glasfassade sorgt für Proportion und Maßstab.

Im Inneren blieben die Weißtannenoberflächen der konstruktiv verwendeten Brettsperrholzelemente an Wänden und Dachschrägen sichtbar. Einbaumöbel aus dem gleichen Material – vom simplen Regalbrett bis hin zur Einbauküche – verschmelzen mit der Haushülle.

Innenwände im eigentlichen Sinne gibt es nicht, nur ein betonierter Kern mit Treppe und Bädern unterteilt beide Ebenen. Im Erdgeschoss liegt ein lichtdurchfluteter Essplatz mit Küche, der über den Glasgiebel auf die überdachte Terrasse und von dort in den Garten übergeht. Auf der geschlosseneren Eingangsseite befindet sich ein intimerer Bereich mit Fernseher und Kamin. Doch auch hier bietet ein breites Panoramafenster einen schönen Ausblick in die Landschaft des Wienerwalds. Die Schlafräume von Eltern und Kindern liegen im Obergeschoss, dazwischen ein kleiner Arbeitsplatz. Ein Luftraum entlang der kompletten Längsseite verbindet beide Geschosse miteinander.

Dank Vorfertigung der Massivholzelemente betrug die Bauzeit gerade einmal zwei Monate. Daran hatte auch die unkomplizierte, da minimierte Haustechnik ihren Anteil, die durch die Nutzung als Wochenendhaus möglich wurde. Der Wunsch der Bauherren war es, das Gesamtkonzept auf das Wesentliche zu beschränken und das Haus in Symbiose mit der Umgebung zu setzen. Der Wert sollte auf den schlichten Dingen liegen und durch eine gründliche Ausführung glänzen. Viel Wert wurde bei der Realisierung auch auf die Verwendung von unbehandelten, natürlichen Materialien gelegt.

vorherige Seite Asymmetrien und der überdachte, gewinkelte Vorbau geben dem kleinen Satteldachbau seine markante Erscheinung.

oben Dank angemessenem Maßstab und Holzfassaden fügt sich das Haus gut in die umgebende Natur ein.

links Über die große, etwas zurückliegende Glasfassade öffnen sich die Räume zur Landschaft. Ansonsten geben sie sich als schützender Kokon.

rechts Im Wohnbereich im hinteren Teil des Erdgeschosses treten Holz und Sichtbeton in einen Dialog.

ganz rechts Von Einbaumöbeln gerahmte Sitzbank im Wohnbereich.

Die Bauherren über ihr Haus:

„ Prägend für die Form des Hauses war unsere Lieblingsaussicht über das Tal in die gegenüberliegenden Hügel des Wienerwalds. Dadurch erhält das Haus seinen formgebenden Winkel und eröffnet den einmaligen Blick in die Landschaft. Morgens mit dieser Aussicht aufzuwachen, erhöht definitiv unsere Lebensqualität. Das Haus bietet einige besondere Orte, sodass sicher jedes Familienmitglied seinen Lieblingsplatz finden wird.

ganz links Innen- und Außenraum verschmelzen im Bereich des überdachten, offenen Vorbaus.

links Wände, Einbaumöbel und Details wie leichte Regalbretter bilden eine homogene Einheit.

oben Der Essplatz hinter der Glasfassade. Der Betonkern nimmt Treppe und Bad auf und unterstützt beim sommerlichen Wärmeschutz. An seiner Rückseite wurde der Kamin integriert.

oben links Lichtstimmung am Treppenaustritt im Obergeschoss.

oben rechts Vor dem Elternschlafzimmer steht ein kleiner Arbeitsplatz mit Ausblick zur Verfügung, auch dieser in das entwurfliche Gesamtkonzept eingewoben.

unten Minimalistisch und harmonisch: das Elternschlafzimmer im Obergeschoss.

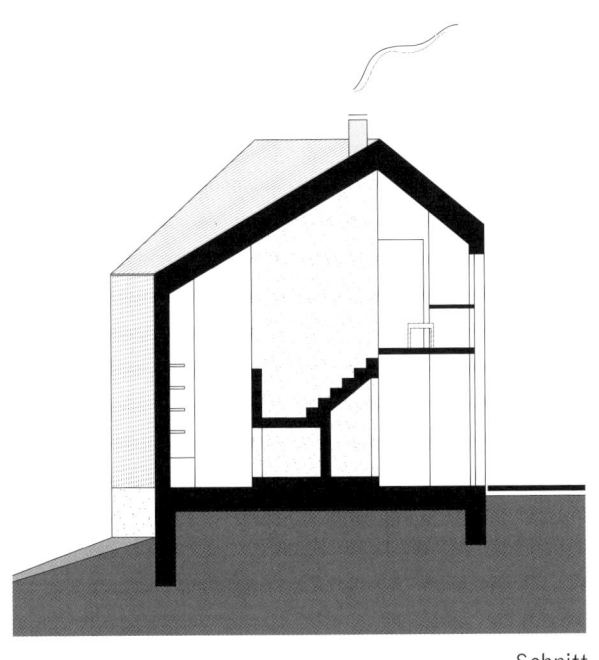

Schnitt

Projektdaten

WOHNFLÄCHE 93 m²
AUSSENWANDAUFBAU Massivholzelemente, vorgefertigt; Holzfaserdämmung 16 cm
FASSADE hinterlüftete Fichtenlamellen, vertikal angeordnet
INNENWANDAUFBAU Sanitär-/Treppenkern aus Sichtbeton
WANDOBERFLÄCHEN Brettsperrholz Weißtanne; Einbaumöbel aus Weißtanne in Wandoberflächen integriert
FUSSBÖDEN Erdgeschoss: geschliffener Zementestrich; Obergeschoss: Weißtannedielen
DECKENUNTERSICHTEN Brettsperrholz Weißtanne
DACH Satteldach als gedämmte Brettsperrholzkonstruktion, mit Faserzementplatten gedeckt
HEIZUNG Elektro-Fußbodenheizung, Holzofen

FOTOGRAFIEN Juri Troy

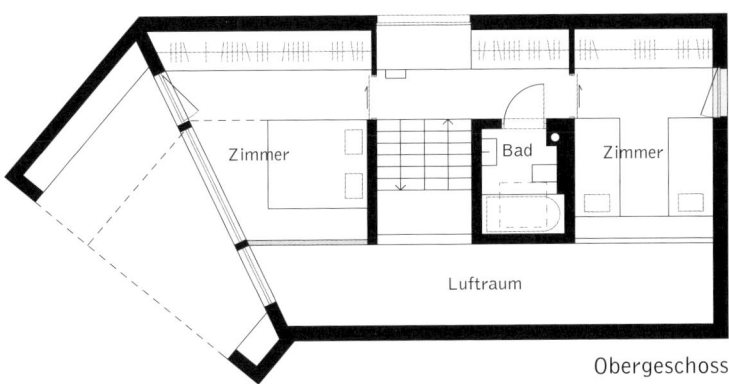

Obergeschoss

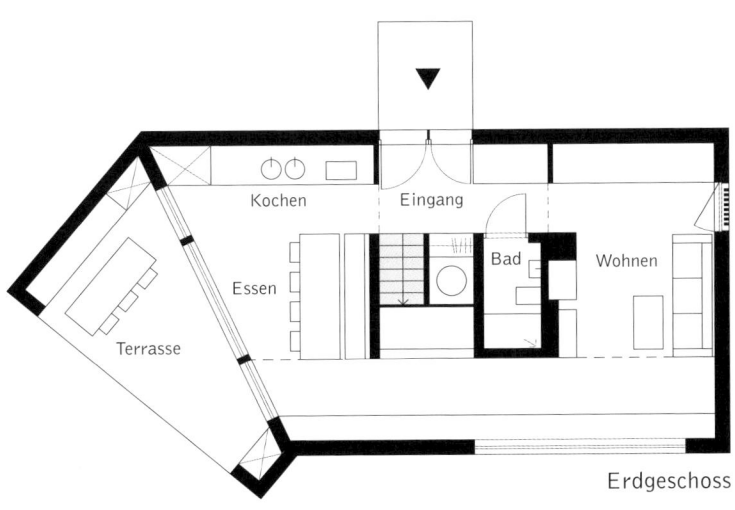

Erdgeschoss

HAUS AM HANG AUF DER SCHWÄBISCHEN ALB

Archaisch, monolithisch, futuristisch

PLANUNG Henrik Isermann Architektur

In einem neu entstehenden Quartier realisierte Architekt Henrik Isermann ein Ensemble aus zwei Wohngebäuden, das selbstbewusst demonstriert, wie Planer kreativ mit den Vorgaben eines reglementierenden Bebauungsplans umgehen können. Eines der beiden Häuser wird hier vorgestellt.

Das Domizil sollte eine neue Heimat für die ganze Familie werden. Dauerhaft bewohnt wird es vom Bauherren-Ehepaar selbst, temporär aber auch regelmäßig von dessen erwachsenen Kindern mit Partnern und den Enkelkindern. Den Wunsch nach einem Holzhaus ergänzte der Architekt um den Vorschlag, das Satteldach mit in die Holzbekleidung einzubeziehen. So legt sich heute eine feingliedrige Hülle aus vorvergrauten Weißtannelamellen wie eine Decke über die Längsseiten und die Dachflächen. Akzente setzen die flächenbündig ins Dach integrierte Photovoltaikanlage sowie der gezielt platzierte Einschnitt auf der Nordseite für den als großes weißes »Tor« inszenierten Hauseingang zum repräsentativen Erdgeschoss. Auf der gegenüberliegenden Seite, in Richtung Süden, wendet sich ein quadratisches Fenster mit dunkler Rahmung vom Essplatz aus mit großen Glasschiebetüren der Terrasse, dem Pool und dem Garten zu. Dank des Luftraums hinter der zweigeschossigen Glasfassade tritt hier auch das Obergeschoss über seine Galerie mit dem Außenbereich in Verbindung. Der Luftraum war wichtiger Bestandteil des Entwurfs, das »Aufreißen« der homogenen Gebäudehülle an dieser Stelle geradezu unabdingbar. Während die Giebelfassade im Westen zur Aussicht ins Tal vollflächig verglast ist und zugunsten einer schmalen Balkonzone zurückspringt, zeigt der Giebel zum Hang hin eine mit markantem Fugenbild verlegte Bekleidung. Sie besteht aus diagonal zugeschnittenem Hochdrucklaminat in strahlendem Weiß. Fensteröffnungen in unterschiedlichen Größen und Formaten sind spannungsvoll auf der Fläche angeordnet. Je nach heller oder dunkler Rahmenfarbe treten sie visuell hervor oder halten sich eher im Hintergrund.

Aufgrund der Hanglage entstand das straßenseitig ebenerdige Untergeschoss aus Stahlbeton. Seine Oberflächen blieben im Inneren sichtbar, jedoch bewusst nicht in Sichtbetonqualität, als Gegenstück zum rohen Holz. Auf dieser Ebene befindet sich ein separiertes Gästeapartment, dahinter liegen ein privater Eingangsbereich, ein Technikraum und ein Keller. Das darüberliegende Hauptgeschoss nimmt nahezu durchgängig der Wohn- und Essbereich mit offener Küche ein. Während es zum Wohnzimmer zwei Stufen nach unten geht, öffnet sich über dem Essplatz die

Decke zur Galerie im Obergeschoss und gibt den Blick auf den 8 Meter höher liegenden Dachfirst frei.

Die wenigen Innenwände zeigen ihre Massivholzoberfläche, geben so dem Raum ein warmes Ambiente und machen das Material Holz auch haptisch und olfaktorisch erlebbar. Die Außenwände wurden in Holzständerbauweise erstellt und erscheinen nach innen glattflächig weiß. Die Treppe ins Obergeschoss besteht aus rohen Stahlschotten, die nur in die Treppenhauswand eingeschoben zu sein scheinen und frei auskragen. Die Galerie erschließt das Spielzimmer mit Schlafplateau für die Enkel, ein Bad und ein kleines Arbeitszimmer, auf der anderen Seite mündet sie in ein großes Schlafzimmer mit Ankleide. Auch hier ist der offene Dachraum beispielsweise als Lese-Empore nutzbar. Die Tür zum Schlafzimmer konzipierte Architekt Isermann zweiflügelig und in voller Breite der Galerie. Sind beide Flügel geöffnet, erstreckt sich eine durchgehende Sichtachse in ganzer Länge des Hauses von Giebel zu Giebel.

vorherige Seite An seiner Giebelseite öffnet sich das Haus vollflächig über eine Glasfassade. Traufseiten und Dachflächen überspannt eine durchgängige »Decke« aus feingliedrigen Holzlamellen.

unten links Der hangseitige Giebel gibt sich weitgehend geschlossen. Drei Fenster wurden betont unterschiedlich eingeschnitten.

oben Eine zweigeschossige Fensterfront verbindet die Innenräume mit den Außenanlagen.

unten rechts Den Terrassen auf unterschiedlichen Ebenen – die untere hofartig und blickgeschützt, die obere mit Pool – galt ein besonderes Augenmerk des Entwurfs.

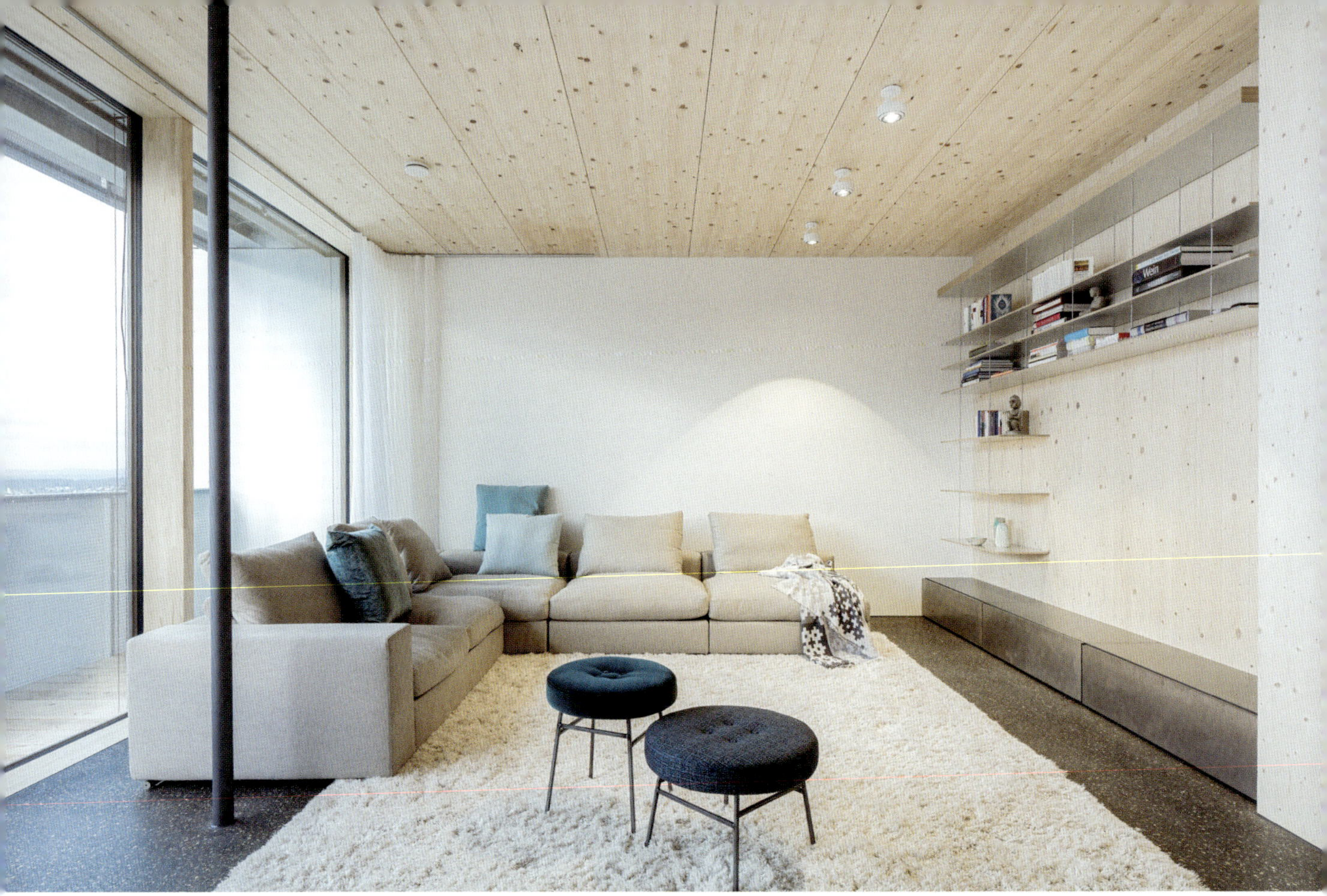

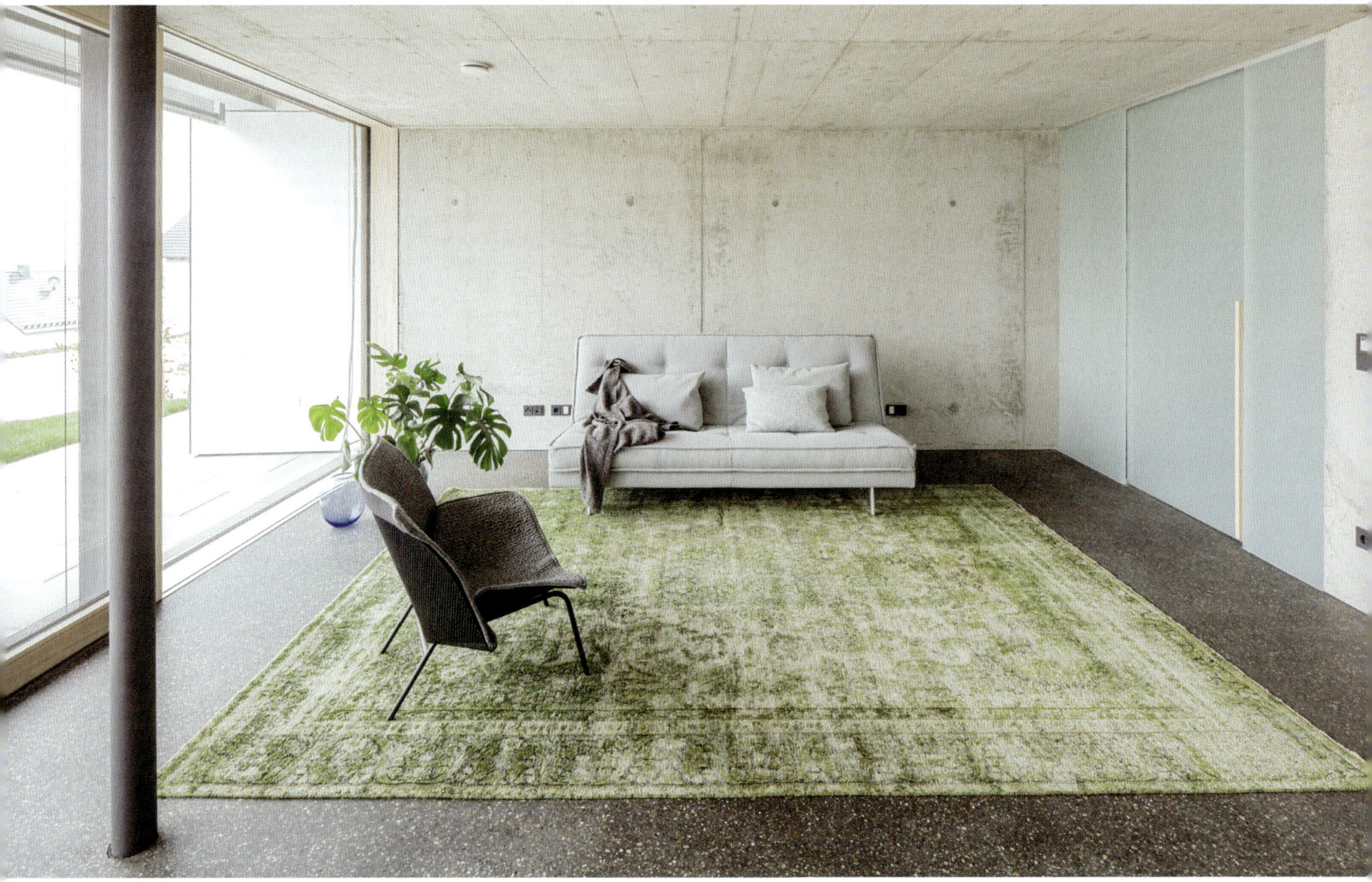

Der Architekt über seinen Entwurf:

„ Die einfache Form ohne Erker oder Gauben war mir wichtig, um etwas Symbolhaftes in das Erscheinungsbild zu bringen. Das Haus sollte archaisch, monolithisch, gleichzeitig futuristisch werden. Besonderes Augenmerk habe ich auf die Ausgestaltung von Terrassen, Pool und Garten sowie deren Bezug zum zentralen Wohn- und Essbereich gelegt. So konnte ich einen Lebensraum schaffen, der innen und außen miteinander vernetzt.

Links oben und unten Identische Wohnräume in Erd- und Untergeschoss: Die unterschiedliche Materialität von Wänden und Decken sorgt für ein grundlegend anderes Ambiente.

oben Dem privaten Eingangsbereich im Untergeschoss verleihen Sichtbetonoberflächen ohne Fenster ein bewusst höhlenartiges Flair – Ankommen in der Geborgenheit des eigenen Hauses.

oben Die Innenwände und Deckenuntersichten in den oberen Geschossen zeigen offen die Materialität der Massivholzbauteile.

rechts oben Der Tunnelkamin und zwei Stufen zonieren zwischen Essplatz und Wohnbereich im Hintergrund.

rechts unten Auch die luftige Galerie im Obergeschoss bietet einen starken Gartenbezug.

oben Großzügigkeit und Materialität des Hauses ziehen sich durch bis in das teilweise zweigeschossige Schlafzimmer. Die Tür links führt zu Ankleide und Bad.

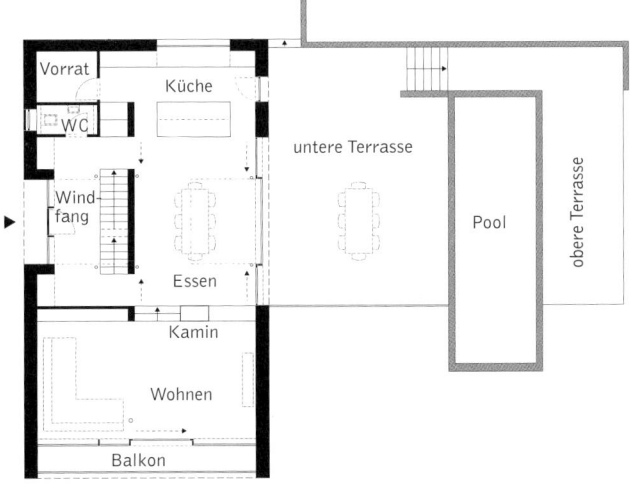

Obergeschoss

Erdgeschoss

Projektdaten

WOHNFLÄCHE 250 m²
ZUSÄTZLICHE NUTZFLÄCHE 105 m²
AUSSENWANDAUFBAU Holzständerbauweise
FASSADE hinterlüftete Schalung aus vorvergrauten Weißtannelamellen; Hochdrucklaminatplatten
INNENWANDAUFBAU Massivholzelemente Kiefer mit sichtbar belassenen Oberflächen
WANDOBERFLÄCHEN Gipsfaserplatten, gespachtelt, Streichputz; Kiefernholz, geschliffen
FUSSBÖDEN Sichtestrich, geschliffen, mit Eisenoxidanteil
DECKENUNTERSICHTEN sichtbare Unterseite der Massivholz-Deckenelemente
DECKEN Massivholzelemente Kiefer mit sichtbar belassenen Oberflächen
DACH Satteldach mit verdeckter Abdichtungsebene und innen liegenden Dachrinnen und Abläufen
HEIZUNG Sole-Wärmepumpe mit Tiefenbohrung, Stromerzeugung durch Photovoltaikanlage, Kaminofen im Wohnbereich

FOTOGRAFIEN Jürgen Pollak

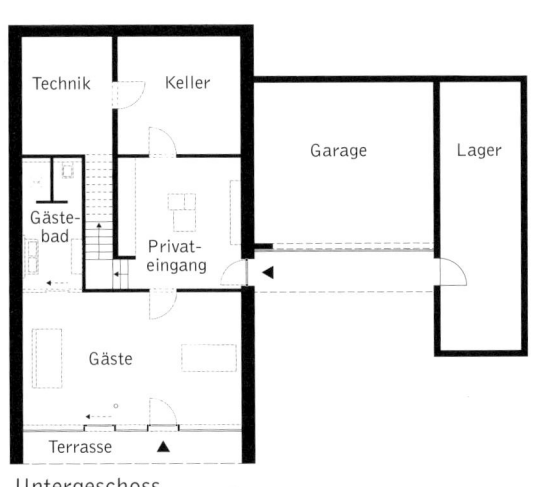

Untergeschoss

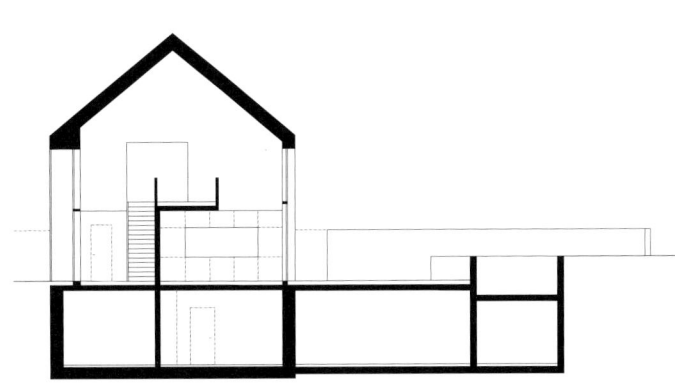

Schnitt

HISTORISCHES HOLZHAUS BEI ST. GALLEN, SCHWEIZ

Zeitloser Schlusspunkt

PLANUNG firm Architekten

Das Appenzellerland ist eine bäuerlich geprägte, gepflegte Landschaft im Nordosten der Schweiz, gekennzeichnet von tiefen Furchen und endlosen Hügelkuppen. Holzhandwerk hat in der Gegend eine lange Tradition. An einer Weggabelung mit Ausblick auf den Säntis, den zentralen Hausberg des Appenzellerlands, liegt ein über 150 Jahre altes Holzhaus, das vor Kurzem saniert wurde. Als Schlusspunkt des Buchs soll es vor Augen führen, welch zeitloses Material Holz ist und wie grandios sich Holzbaustile unterschiedlichster Epochen zu einem selbstverständlichen Neuen kombinieren lassen.

Das Gebäude war bereits Schulhaus, Stickereilokal, Einfamilienhaus und Wochenendrefugium. Nun dient es als Wohnhaus mit Ferienwohnung. Dazu wurden die Außenwände mit Zelluloseflocken wärmegedämmt und mit einem neuen Schindelkleid aus Fichtenholz versehen sowie sämtliche Fenster durch neue Sprossenfenster ersetzt. Während diese Maßnahmen noch das klassische Erscheinungsbild aufgreifen, geben sich die flachrechteckigen, anthrazitfarbenen Ziegel der neuen Dacheindeckung bewusst modern.

Der Kontrast zwischen historischer Fassade und modernem Dach fällt allerdings erst auf den zweiten Blick auf, so gut harmonieren diese – zumal die gewählte Dacheindeckung die Schuppung der Schindelbekleidung aufnimmt.

Ein ähnliches Bild ergibt sich im Inneren: Historische Oberflächen sind auch hier mit modern gehaltenen Holzbekleidungen kombiniert. Sie nehmen – und das ist ganz entscheidend – die vorgefundenen Proportionen und Maßstäbe auf, verbergen aber durch die Art ihrer Bearbeitung nicht ihre Entstehungszeit. So fügen sich Alt und Neu harmonisch zusammen und bilden eine neue Einheit. Das Alte bleibt erkennbar, das Neue wirkt nicht aufdringlich.

Für die erneute Umnutzung des Hauses war eine Änderungen von Erschließung und Raumorganisation notwendig. Hinter der Haustür geht es nun wahlweise in die Ferienwohnung im Erdgeschoss oder nach oben in die Wohnung der Eigentümerinnen, die die zwei oberen Geschosse einnimmt. Zimmer, Küchen und Bäder wurden neu ausgebaut.

vorherige Seite Seit über 150 Jahren fügt sich das Haus mit seiner kleinteiligen Schindelfassade in die Landschaft des Appenzellerlands ein.

oben Fassade und Fenster geben sich authentisch historisch, das Dach weist auf die modernisierende Restaurierung hin.

rechts oben Was erhaltenswert und erhaltbar war, wurde restauriert und überzeugt noch heute durch seine harmonische Gestaltung mit natürlichen Materialien und angemessenen Maßstäben.

rechts unten Was erneuert wurde, gibt sich nun modern. Auch hierbei kam viel Holz zum Einsatz. Es entstand eine Symbiose, die eindrücklich beweist, wie perfekt unterschiedliche Epochen harmonieren können – wenn mit der erforderlichen Achtsamkeit vorgegangen wird.

Die Bauherrinnen über ihr Haus:

„ Das geschickte Wechselspiel zwischen Altem und Neuem schafft eine räumliche und atmosphärische Spannung, die sich in dieser Weise nur mit alter Bausubstanz erzeugen lässt.

oben Auf dem Spitzboden entstand ein uriger Schlafplatz.

links Alt und Neu – hier stehen sie sich am Treppenaufgang einträchtig gegenüber.

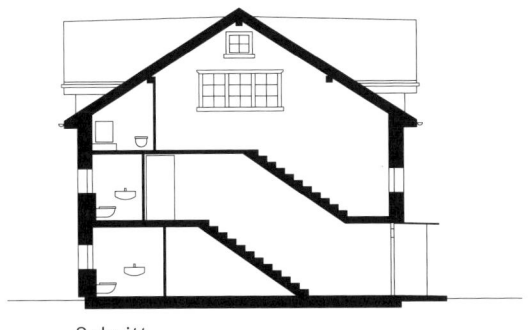

Schnitt

Projektdaten

WOHN- UND NUTZFLÄCHE 250 m²
AUSSENWANDAUFBAU historischer Holzrahmenbau mit Zelluloseflockendämmung
FASSADE Fichtenholzschindeln
INNENWANDAUFBAU historischer Holzstrickbau (Holzblockbauweise)
WANDOBERFLÄCHEN Wandvertäfelung aus Weißtanne, gebürstet; freigelegte Holzstrickwände
FUSSBÖDEN neue Böden: Eichenparkett; bestehende Böden: Fischgratparkett in Esche, Fichtendielen
DECKENUNTERSICHTEN Küchendecke: Vertäfelung aus Weißtanne; Bestandsdecken: Fichtendielen, weiß gestrichen
DACH Ziegeldeckung
HEIZUNG Stückholzheizung mit Kachelofen und Herd in der Küche, punktuelle Infrarotstrahler

FOTOGRAFIEN Jürg Zimmermann

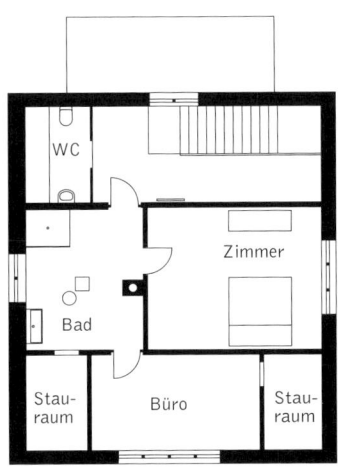

2. Obergeschoss

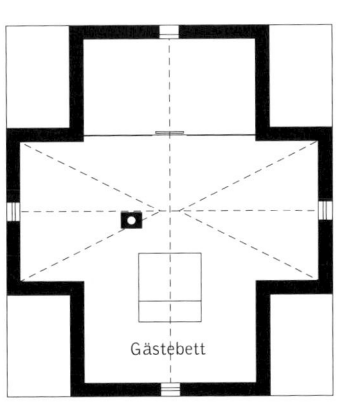

Dachgeschoss

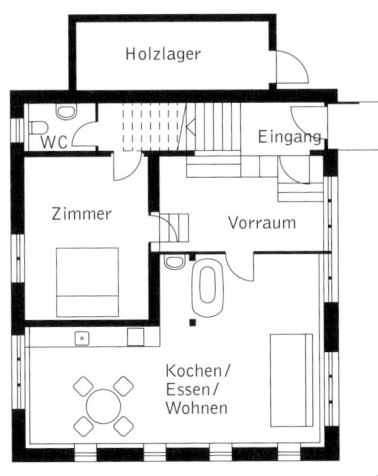

Erdgeschoss

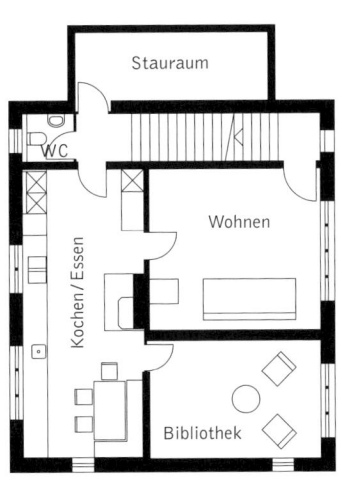

1. Obergeschoss

Bauen mit Holz

Holz ist neben Stein das älteste Baumaterial. Die Menschen bauten ihre ersten Häuser aus Holz, und in der Folge blieb das Material immer aktuell. Zugegeben: Frühe Holzhäuser würden wir heute wohl eher als Hütten bezeichnen. Doch betrachtet man die Entwicklung der Holzkonstruktionen, stellt man fest, dass die Unterschiede zwischen antiken, mittelalterlichen, neuzeitlichen und vielen modernen Tragkonstruktionen erstaunlich gering sind. Fast alle hölzernen Konstruktionsweisen, die für Wohnhäuser gebräuchlich waren oder sind, lassen sich letztlich auf zwei Prinzipien zurückführen. Zum einen sind das massive, flächige Holzkonstruktionen, bei denen durch Stapelung von Stämmen oder aus Stämmen geschnittenen Elementen wie Balken oder Brettern Wände und Decken zusammengesetzt werden. Die wohl bekannteste Bauweise dieser Kategorie ist der klassische Blockbohlenbau. Zum anderen sind es aufgelöste Stabtragwerke, bei denen senkrechte Hölzer in unterschiedlichen Abständen die Lastabtragung übernehmen, während horizontale Hölzer in der Ebene der Decken und Dächer das Tragwerk komplettieren. Die markanteste derartige Bauweise sind Fachwerkhäuser, bei denen die Kombination aus dunkel gestrichenem Holztragwerk und meist hell

unten Zwischen der Errichtung des grauen Fachwerkhauses und des Neubaus liegen etwa 550 Jahre. Beide zeigen das Baumaterial Holz sichtbar im Stil ihrer Zeit.

Sanierungsplanung Fachwerkhaus: Büro für historische Bauforschung und Stadtsanierung Gerd Schäfer; Entwurf Neubau: Herkrath + Herkrath Architekten.

verputztem Gefach auch zum gestalterisch herausragendsten Merkmal wurde. Doch auch die heute bei Einfamilienhäusern meist üblichen Holzrahmenkonstruktionen funktionieren prinzipiell ähnlich. Der wesentliche Unterschied zwischen modernen und historischen, aber auch zwischen den einzelnen heutigen Konstruktionen besteht in den raumbildenden Wandaufbauten, also den Komponenten, die das Tragwerk ergänzen und zur Hülle beziehungsweise zum Haus werden lassen.

ARTEN VON HOLZKONSTRUKTIONEN

Betrachten wir zunächst die heute weit verbreitete Holzrahmenbauweise: Auf den ersten Blick unterscheiden sich die gebräuchlichen Konstruktionen kaum, seien es Systembauweisen großer Hersteller oder individuell geplante und von kleinen Betrieben ausgeführte Holzhäuser. Doch beim detaillierten Vergleich stellt man teilweise enorme Differenzen fest. Diese wirken sich auf Wohnqualität, Alterungsbeständigkeit und Ökologie aus. Auch den Preis beeinflussen sie, allerdings bürgen höhere Kosten keineswegs zwangsläufig für höhere Qualität. Übliche Wandaufbauten von individuell hergestellten Häusern und Fertighäusern in Holzbauweise verfügen über ein Tragwerk aus Holzständern. Im Abstand von meist 62,5, seltener 81,5 Zentimetern stehend, sind diese mit Fuß- und Kopfhölzern zu Rahmenkonstruktionen verbunden. Die Aussteifung der geschosshohen Rahmen übernimmt eine äußere Beplankung aus großformatigen Holzwerkstoffplatten. Die Zwischenräume der Ständer werden mit Dämmstoffen ausgefacht, dann erfolgt auf der Innenseite das Aufbringen einer dampfbremsenden Schicht und der inneren Beplankung. Im einfachsten Fall ist die Wand nun komplett, sie wird lediglich von außen verputzt und von innen tapeziert. Bereits diese Konstruktion verfügt über ein besseres Wärmedämmvermögen als eine gleich starke massiv gemauerte Wand. Allerdings macht sich das Holztragwerk als Wärmebrücke negativ bemerkbar. Aufgrund der beständig wachsenden Bemühungen, den Heizenergiebedarf von Wohnhäusern zu verringern, gehört daher heute eine weitere Dämmschicht, die außen durchgehend aufgebracht ist, zum Standard. Besonders hochwertige Häuser verfügen häufig innen über eine vor der eigentlichen Wand angeordnete Installationsebene. In ihr lassen sich Leitungen und Installationen unterbringen, ohne die innere Beplankung oder die Dampfsperre durchdringen zu müssen. Eine dieser beiden Schichten ist in der Regel für die Luftdichtheit der Konstruktion verantwortlich und darf daher keinerlei Fehlstellen aufweisen. Zudem lässt sich in der Installationsebene weiteres Dämmmaterial unterbringen.

HOLZ ALS ROHSTOFF

Holz ist einer der ältesten Rohstoffe und zugleich einer der modernsten. In mehrfacher Hinsicht ist Holz ein besonders ökologischer Rohstoff: Es wächst stetig nach und bindet dabei Kohlendioxid aus der Luft, nach Gebrauch ist es rückstandsfrei biologisch abbaubar – sofern es nicht im Rahmen seiner Verarbeitung mit unverrottbaren Materialien vermischt wurde. Etwa 30 Prozent der Erdoberfläche sind bewaldet, in Deutschland ist es trotz der hohen Besiedlungsdichte sogar etwa ein Drittel der Fläche. In Österreich und der Schweiz verhält es sich ähnlich. Somit ist Holz im deutschsprachigen Raum ein zugleich kaum von Importen abhängiger Rohstoff. Doch der Holzmarkt ist einem stetigen Wandel unterworfen: Während bis um die Jahrtausendwende nur etwa 20 Prozent des jährlich geernteten Holzes als Energieträger genutzt wurden und der überwiegende Teil in die Produktion unterschiedlichster Güter und Papiere ging und zum Bauen Verwendung fand, hat sich diese Verteilung seitdem umgekehrt: Immer mehr Holz ist als Brennstoff für private Wohnhausheizungen oder als Biomasse für Kraftwerke nötig. Diese Entwicklung ändert nichts an den technischen und ökologischen Vorzügen des Holzes als Baustoff, doch sie verteuert das einst als »billig« eingestufte Baumaterial. Andererseits nehmen auch die Kosten zur Produktion vieler anderer Baustoffe zu – nicht zuletzt deshalb, weil zur Herstellung von Ziegeln, Kalksandstein, Porenbeton und vieler anderer Materialien ein wesentlich höherer Energieaufwand erforderlich ist als zur Holzverarbeitung und die Energiepreise in den letzten zwei Jahrzehnten besonders stark gestiegen sind. Zugleich entsteht durch die starken Unwetter in den letzten Jahren zeitweise so viel Schadholz, dass dieses nur noch als Brennstoff dienen kann, was die Holzpreise drückt.

oben links Aufbau einer Außenwand in Holzständerbauweise mit beidseitiger Beplankung, Dampfbremspapier und außenseitiger Windbremse.

oben rechts Auf dem Richtboden wird das Holzständerwerk gefügt, hier mittels Schwalbenschwanzverbindungen.

unten Beplankung einer Ständerwand in der Schmetterlingswand (hier bei Baukunst Philipphaus).

rechts oben Eine fertige Wand in Holztafelbauweise.

rechts unten Alles andere als rustikal: ein eleganter Bungalow in heutiger Blockbauweise, geplant von Schaltraum mit Alexandra Heise (siehe S. 62)

Lediglich auf den Produktionsprozess bezieht sich die häufig anzutreffende Unterscheidung in Rahmen- und Tafelbauweisen, die gerne unter Begriffen wie »Holzverbundkonstruktion« zusammengefasst werden. Bei der Rahmenbauweise werden die – oft bereits mit der äußeren Beplankung versehenen – Rahmen vorgefertigt, auf der Baustelle aufgestellt und vor Ort um die weiteren Komponenten des Wandaufbaus ergänzt. Diese Bauweise kommt daher für Ausbauhäuser zum Einsatz, bei denen der Bauherr die Komplettierung in Eigenleistung vornimmt. Auch individuell geplante oder von kleineren Betrieben angebotene Häuser werden in der Regel in Rahmenbauweise ausgeführt. Der Vorteil des relativ geringen Vorfertigungsgrads besteht in der Möglichkeit, kleinere Planungsänderungen noch während der Bauzeit mit nicht allzu großem Aufwand durchführen zu können. System- und Fertighaushersteller bevorzugen hingegen die Tafelbauweise. Sie fabrizieren die Wände – aber auch Decken und Dächer – so weit wie möglich im Werk vor. Fenster, Türen und Installationen sind bereits montiert, einen Teil der Arbeiten übernehmen Maschinen. Nach Zusammensetzen der großformatigen Elemente auf dem Bauplatz ist das Haus nahezu fertig, jetzt müssen nur noch die Elementfugen geschlossen und die Arbeiten des Innenausbaus durchgeführt werden. Die Pluspunkte der Tafelbauweise liegen in der prinzipiell höheren Qualität bei kürzerer Bauzeit und günstigeren Kosten. Ermöglicht wird dies durch den rationalisierten und oft standardisierten Herstellungsprozess. Allerdings ist beim Aufbau des Hauses penibel darauf zu achten, die einzelnen Elemente sorgfältig miteinander zu verbinden. Ist beispielsweise die Dampf- und Luftsperre in der Fuge nicht oder unzureichend verklebt, kann es zu erhöhten Wärmeverlusten und zu Feuchtigkeitsschäden im Wandaufbau kommen. Neben der Schichtenfolge des Wandaufbaus sowie der Herstellung und Verarbeitung sind die verwendeten Materialien sowie die konstruktive Ausgestaltung der einzelnen Wandschichten für die Qualität entscheidend.

Weniger Alternativen gibt es beim Holztragwerk: Neben den althergebrachten Konstruktionsvollhölzern konnten sich in den letzten Jahren immer mehr zusammengesetzte Massivhölzer – Brettschichtholz, Duo- oder Triobalken – durchsetzen. Im Bereich des Passivhausbaus konnten doppel-T-förmige Ständer mit einem schmalen Steg aus besonders tragfähigen Holzwerkstoffen einen nennenswerten Marktanteil erobern. Aufgrund ihres minimierten Querschnitts stellen sie geringere Wärmebrücken dar als Massivhölzer.

Während beim Holzrahmenbau die Tragkonstruktion und die übrigen Schichten des Wandaufbaus letztlich eine Einheit bilden, ist die Trennung der Wand- und Deckenflächen von der Tragkonstruktion das besondere Merkmal von Skelettkonstruktionen. Hierbei wird zunächst das Tragwerk aus Stützen und Trägern errichtet. Die Stützen stehen in einem gleichmäßigen Raster mit einem Rastermaß zwischen 3 und 6 Metern und reichen meist gebäudehoch über alle Geschosse. Zwischen den Stützen werden die Träger befestigt. Nur dieses »Skelett« ist statisch relevant und kann nach Belieben mit Wänden und Decken in Leichtbauweise ausgebaut und bei Bedarf problemlos umgebaut werden. Dabei gelten dieselben Kriterien wie bei Holzrahmenbauten. Skelettkonstruktionen sind prinzipiell geringfügig kostenintensiver als die Rahmen- und Tafelbauweise. Sie bieten allerdings viele Möglichkeiten, durch Eigenleistung Geld zu sparen und sind aufgrund ihrer Variabilität und Veränderbarkeit besonders wertbeständig.

Die Realisierung klassischer Blockbohlenkonstruktionen erfolgt heute zumeist wegen ihrer eigenen, oft als besonders ökologisch empfundenen Ästhetik. Wurden früher einfach massive Stämme mithilfe abgeflachter Seiten aufeinandergestapelt, verbirgt sich heute hinter der rustikalen Optik meist eine zweischalige Konstruktion, bestehend aus der tragenden Blockbohlenwand, einer Schicht Wärmedämmung und einer außen vorgesetzten, dünnen Blockbohlenwand. Der bauphysikalische Vorteil massiver Holzaußenwände besteht wie bei Rahmenkonstruktionen mit Zellulosedämmung in hohem Schallschutz und gutem sommerlichen Wärmeschutz aufgrund der Wärmespeicherfähigkeit und Amplitudendämpfung.

Diese Vorteile machen sich auch einige massive Holzbausysteme zunutze, die in den letzten zwei Jahrzehnten neu entwickelt wurden. Teilweise ermöglicht erst die Verfügbarkeit modernster Technik die Realisierung und Produktion der neuen Systeme. Ausgangsmaterial sind meist Bretter oder Balken mit kleinem Querschnitt. Diese Hölzer werden auf verschiedene Arten – je nach Anbieter und System – kreuzweise verleimt, sodass formstabile, großformatige Elemente entstehen. Während bei Blockhäusern das Baumaterial Holz als Wand- und Deckenoberfläche meist sichtbar bleibt, werden die neuen Systeme in der Regel verputzt oder verkleidet. Auf Wunsch lassen sich ihre Oberflächen allerdings auch in Sichtqualität ausführen und können dann im Innenraum unverkleidet bleiben. Außenseitig wird in der Regel Wärmedämmung montiert, die häufig eine Bekleidung mit einer Holzverschalung erhält. Die diversen Systeme erlauben unterschiedlich hohe Vorfertigungsgrade, doch in jedem Fall werden die Elemente auf der Baustelle nur noch zusammengesteckt und verschraubt. Das geht zügig, und Baufeuchte, die bei gemauerten Massivhäusern Probleme berei-

ten kann, ist hier kein Thema. Aufgrund des größeren Materialaufwands liegen die Kosten für massive Holzhäuser etwas höher als bei Holzrahmenkonstruktionen.

DÄMMUNG Eine große Artenvielfalt bietet sich bei den Dämmstoffen. Meist kommen Mineralfasermatten für die Ausfachung des Tragwerks zum Einsatz. Abgesehen von der Verwendung endlicher Rohstoffe, stellt bei diesen der hohe Energieverbrauch zur Produktion sowie die spätere Entsorgung ein Problem dar: Ein Recycling ist nach heutigem Stand der Technik schwierig bis unmöglich, und so bleibt meist nur das Deponieren der unverrottbaren Materialien. Führt man sich vor Augen, dass allein in Deutschland jährlich etwa 35 Millionen Kubikmeter Wärmedämmung verarbeitet werden, macht das deutlich, welch umfangreiche Schuttmengen hier in einigen Jahrzehnten zu erwarten sind. Vor diesem Hintergrund klingt es verlockend, dass heute eine Vielzahl von Dämmstoffen aus natürlichen Ausgangsmaterialien bestehen. Gleich ob Zelluloseflocken aus Altpapier, Holzfaserdämmplatten oder Matten aus Schafwolle, Baumwolle, Flachs oder Hanf, in allen Fällen möchte man meinen, dass weder die Produktion noch die Verwendung und spätere Entsorgung ein Problem darstellen. Doch teilweise trügt dieser Schein. Um durch die Wahl eines augenscheinlich natürlichen Dämmstoffs auch tatsächlich möglichst umweltfreundlich zu handeln, sind daher beim Kauf einige Detailpunkte zu beachten. Eine intensive Auseinandersetzung mit verschiedenen Materialien und den Angeboten der Hersteller kann hierbei unumgänglich sein. Beliebtester ökologischer Dämmstoff sind Zelluloseflocken. Sie werden durch Zermahlen von Altpapier hergestellt, das dadurch eine dreidimensionale, flockenartige Struktur erhält. Um Außenwände oder Dächer mit Zelluloseflocken zu dämmen, wird zunächst eine Beplankung aufgebracht. Die so entstehenden Hohlräume werden dann über Schläuche mit den Dämmflocken ausgeblasen. Hierfür sind bislang spezialisierte Firmen nötig, die insbesondere pedantisch auf die Vermeidung von Hohlräumen achten müssen. Um das beliebte Einbringen von Dämmung in Eigenleistung auch mit Zelluloseflocken zu ermöglichen, wurden in letzter Zeit strukturell leicht veränderte Varianten entwickelt. Sie lassen sich säckeweise von Hand einfüllen, Bindemittel verhindern die beim Einblasverfahren enorme Staubentwicklung. Für Dämmungen mit Zelluloseflocken sprechen das Ausgangsmaterial und der äußerst geringe Energieaufwand zur Herstellung. Von entscheidender Bedeutung für das Wohnklima ist der gegenüber den meisten anderen Dämmmaterialien wesentlich bessere sommerliche Wärmeschutz. Größter Nachteil von Zelluloseflocken ist der aus Brand- und Schimmelschutzgründen erforderliche Zusatz von bis zu 20 Prozent Borsalz. Dies ist zwar gesundheitlich unbedenklich, nimmt dem Material jedoch seine Kompostierbarkeit und macht es zu Deponiemüll. Bei der Entscheidung für eine Dämmung mit Zelluloseflocken sollte man auf einen möglichst geringen Borsalzanteil achten. Inzwischen finden statt Borsalzen auch andere Salze Verwendung, die Auswirkungen sind allerdings ähnlich.

Weniger verbreitet sind Dämmstoffplatten aus Zellulose, die ebenfalls aus Altpapier produziert werden. Sie lassen sich ähnlich verarbeiten wie andere Dämmstoffmatten und -platten und bieten ansonsten die gleichen Eigenschaften wie Zelluloseflocken.

Im ökologischen Holzhausbau beliebt sind Holzweichfaserdämmplatten. Sie werden aus zerkleinerten, zerfaserten Nadelholzabfällen unter Druck gepresst. Als Bindemittel dienen die aufgrund der hohen Temperatur von 380° Celsius bei der Herstellung freigesetzten Harze des Holzes. Holzfaserplatten bieten alle Eigenschaften, die man sich von einem optimalen Dämmstoff wünscht: Sie lassen sich gut verarbeiten und ermöglichen hervorragenden sommerlichen Wärmeschutz. Prinzipiell sind sie kompostierbar und gesundheitlich unbedenklich, hierfür ist jedoch der Ver-

unten Passgenaues Zuschneiden von Holzfaserwärmedämmung.

zicht auf Bitumenimprägnierungen und Salzzusätze entscheidend. Für feuchtigkeitsempfindliche Anwendungen kann auf Imprägnierungen auf Wachsbasis zurückgegriffen werden. Größter Nachteil von Holzfaserplatten ist der enorme Energieaufwand zu ihrer Herstellung – er liegt etwa doppelt so hoch wie der zur Produktion von Mineralwolle erforderliche!

Wenig Energie erfordert hingegen die Produktion von Dämmstoffen aus Hanf und Flachs. Beide Pflanzen lassen sich in unseren Breiten anbauen, sodass lange Transportwege entfallen. Hanf dient zugleich als Bodenverbesserer, aus Flachs lassen sich weitere wertvolle Produkte gewinnen, etwa Leinöl oder Leinen. Beide Pflanzen sind robust, auf Pestizide kann beim Anbau verzichtet werden. Die aus den Fasern hergestellten Dämmstoffe ähneln in Optik und Haptik der Mineralwolle. Sofern nicht aufgrund der baulichen Situation erforderlich, sollte man auch hier Produkte ohne Bor- oder Ammoniumsalze wählen, die aus Brandschutzgründen beigesetzt sein können. Zwar sind deutlich geringere Mengen als bei Zelluloseflocken üblich, doch verringern die Salze Kompostier- und Recyclingfähigkeit. Gleiches lässt sich für teilweise eingearbeitete Stützfasern aus Polyester sagen.

Ähnliches wie für Hanf und Flachs gilt für Kokosfasern und Baumwolle. Kritisch zu sehen sind jedoch der Anbau in Monokulturen unter Einsatz von Pestiziden und die langen Transportwege, bei Kokos zudem der hohe Preis. Ein Vorteil von Kokosfasern liegt in ihren guten Schalldämmeigenschaften. So werden sie denn auch vor allem zur Trittschalldämmung und zum Ausstopfen von Tür- und Fensterrahmen anstelle von Polyurethanschaum eingesetzt.

Besonders genaues Hinschauen ist beim Kauf von Dämmung aus Schafwolle erforderlich – prinzipiell ein sehr interessanter Dämmstoff, der beständig nachwächst. Die Matten und Vliese lassen sich gut und hautfreundlich verarbeiten, für ihre Herstellung ist wenig Energie nötig, und schließlich sind sie recycel- oder kompostierbar. Jedoch: Stammt die Wolle von anderen Kontinenten, erhöhen lange Transportwege den Gesamtenergieaufwand deutlich. Ein noch größeres Problem aus ökologischer Sicht stellt Wolle aus nicht artgerechter Schafhaltung dar. Hier kommen zudem Pestizide und Insektizide zum Einsatz, die im fertigen Dämmstoff noch enthalten sein können. Das Ausgangsmaterial für Wolldämmstoffe sollte daher nachweisbar aus ökologischer Zucht stammen. Außer dem notwendigen Mottenschutz sollten im Zuge der Produktion keine Stoffe zugesetzt werden.

Noch reiner sind Dämmplatten aus Kork, die ganz ohne Zusätze auskommen. Ihre Gewinnung erfolgt aus der Rinde der Korkeiche, die innerhalb von knapp zehn Jahren nachwächst, ohne dass der Baum Schaden nimmt. Nachteilig sind nur die langen Transportwege – und der hohe Preis.

Äußerst kostengünstig und ebenso ökologisch ist der Einsatz von Weizen- oder Roggenstroh als Dämmstoff. Ausreichend trocken, kommt es ohne jeden Zusatzstoff und ohne weitere Bearbeitung aus, erfordert allerdings aufgrund seines schlechteren Dämmvermögens dickere Wandaufbauten. Seine Verarbeitung will gelernt sein, möchte man eine gleichmäßige Dämmwirkung erreichen. Noch recht neu auf dem Markt sind extrudierte Getreidegranulate, die ähnlich wie Popcorn hergestellt und wie Zelluloseflocken eingeblasen werden. Sie lassen sich aus heimischem Anbau gewinnen und später kompostieren. Allerdings liegen noch keine Langzeiterfahrungen mit diesem Material vor.

Besonders gravierend sind die Unterschiede der Dämmwirkung der äußeren Dämmschichten. Von einfachen, dünnen Holzfaserplatten bis hin zu 20 Zentimeter starken Wärmedämmverbundsystemen reicht die Palette des Verbauten. 4 Zentimeter sind heute jedoch als Minimum anzusehen. Auf Polystyrolplatten sollte dabei gerade im Holzbau allerdings verzichtet werden. Sie sind energieintensiv in der Herstellung, problematisch in der Entsorgung und stellen regelrechte Brandbeschleuniger dar.

DAMPFBREMSE Fast schon eine Glaubensfrage stellt das Thema »Dampfbremse«, oft auch als »Dampfsperre« bezeichnet, dar: In üblichen Holzrahmenbau-Wandaufbauten ist sie unverzichtbar, um das Eindringen von Wasserdampf aus dem Gebäudeinneren in die Dämmung zu verhindern. Manche argumentieren, eine Dampfbremse verhindere das »Atmen« der Wand und mache daher die Bewohner krank. Tatsache ist, dass auch durch nicht dampfdichte Wände nur ein Bruchteil des Wasserdampfs abgegeben werden kann, der beim ohnehin notwendigen Lüften entweicht. Einige Systemanbieter haben leicht abgeänderte Wandaufbauten entwickelt, die ohne Dampfsperre auskommen sollen, und auch ökologisch orientierte Architekten bauen gerne ohne Dampfsperre. Ob solche Konstruktionen im Einzelfall funktionieren, lässt sich rechnerisch nachwei-

links Innere Beplankung mit OSB-Platten, die hier konstruktivistisch sichtbar belassen wurden (siehe Seite 50).

sen. Keinesfalls einlassen sollte man sich als Bauherr auf die Bemerkung, dass der angebotene Wandaufbau rechnerisch nicht funktioniere, sich in der Praxis aber bewährt habe. Ebenfalls sehr risikoreich ist der Verzicht auf eine Dampfsperre in Verbindung mit Zellulosedämmungen, die Gefahr der Schimmelbildung wurde bereits erwähnt. Das Thema Luftdichtheit wird nachfolgend noch genauer behandelt.

BEPLANKUNG Die äußere Beplankung des Holztragwerks bilden diverse Holzwerkstoffplatten. Wichtig ist hier, ob es sich um einfache Materialien wie Spanplatten oder um resistentere Stoffe wie zementgebundene Holzwerkstoffplatten handelt. Zementgebundene Platten sind formstabiler sowie langlebiger und daher zu bevorzugen. Ebenfalls qualitätvoller als Spanplatten sind Holzfaserplatten. Aus Gründen des Schallschutzes sind dichtere – also schwerere – Holzwerkstoffe leichten Materialien vorzuziehen. Von Bedeutung für den Schallschutz sind auch Anzahl und Eigenschaften der inneren Beplankungen. Eine Lage Gipskarton oder Gipsfaserplatte reicht zwar aus, um die Innenraumluftfeuchtigkeit durch Wasserdampfaufnahme und -abgabe zu regulieren, doch zwei Lagen Gipsplatten oder eine Gipsplatte in Verbindung mit einer Holzwerkstoffplatte dämmen besser gegen Außenschall. Bauherren sollten sich eingehend mit den konstruktiven Eigenarten infrage kommender Wandaufbauten befassen. Zur Aufgabe von Architekten, die auf Holzkonstruktionen von Systemanbietern zurückgreifen, gehört ebenfalls die eingehende Beschäftigung mit der jeweiligen Konstruktion, um dem Bauherrn die Vor- und Nachteile explizit darlegen zu können. Wenn von »harten Massivbaustoffen«, »Wärmedämmplatten« oder ähnlich ungenau bezeichneten Baustoffen die Rede ist, sollte man sich erklären lassen, um welche Materialien es sich genau handelt. Nur so ist der Vergleich mit anderen Angeboten möglich.

HOLZFASSADEN

Mit Ausnahme von Blockbauweisen und historischen Fachwerkhäusern zeigt kein Holzbau seine Konstruktionsweise nach außen hin offen. Sowohl Holzrahmenbauten wie die meisten Holzmassivbauweisen benötigen eine wetterschützende und gestaltende Fassade. Es erscheint dabei stringent, ein aus Holz konstruiertes Gebäude auch mit Holz zu bekleiden. Konstruktive Notwendigkeit dazu besteht nicht, genauso wie bei den meisten anderen Bauweisen. Tragkonstruktion und Fassade erfüllen sich ergänzende Funktionen, sie können aus völlig unterschiedlichen Materialien bestehen. In vergangenen Jahrhunderten sah man dies meist sehr unprätentiös: Je nach Mode und regionalen Rohstoffvorkommen wurden Holzkonstruktionen wie Fachwerk sichtbar gezeigt oder verputzt beziehungsweise tragendes Ziegelmauerwerk oder Naturstein mit einer Holzfassade als Wetterschutz versehen.

Derzeit sind Holzfassaden so populär, dass sich hinter manch einer davon ein Massivbau verbirgt. Doch ganz gleich, was für eine Tragkonstruktion es zu schützen gilt: Holz ist das geeignete Material dafür. Holzfassaden halten Witterungseinflüsse auf zwei Ebenen vom Bauwerk fern. Zum einen bilden sie eine mehr oder weniger geschlossene Hülle, zum anderen werden sie hinterlüftet montiert. Das heißt, auf der Außenwand wird zunächst eine Lattung mit größeren Abständen befestigt, auf dieser dann die eigentliche Fassade. Somit kann eventuell doch einmal hinter die Fassade gelangendes Wasser abtrocknen, bevor es der Tragkonstruktion schadet. Wärme steigt in der Luftschicht nach oben, Wind wird abgefangen und kühlt im Winter die unmittelbaren Außenoberflächen weniger aus.

Zu unterschiedlichen Zeiten und in unterschiedlichen Regionen haben sich diverse Arten von Holzfassaden durchgesetzt und es wurde verschiedenen Holzarten der Vorzug gegeben. Beliebt sind und waren im deutschsprachigen Raum robustes Douglasien- oder Lärchenholz, aber auch Weißtanne, Fichte oder Kiefer. Klassisch finden sie Verwendung in Form von Brettern. Bei der Stülpschalung sind diese sich überlappend horizontal angeordnet, bei der Boden-Deckel- oder Boden-Boden-Schalungen vertikal. Die breiten »Böden« werden dabei mit Abstand montiert, die »Deckel« – schmalere Leisten – oder weitere Böden überdecken diese Abstände.

Insbesondere im Alpenraum finden sich an vielen historischen, und inzwischen an immer mehr modernen Häusern, Schindelfassaden. Traditionell werden Schindeln von Hand aus Holz gespalten. Das schuppenartige Erscheinungsbild von Schindelfassaden und -dächern wirkt in seiner Kleinteiligkeit changierend-lebendig. Selbst wuchtigen Baukörpern verhilft es zu einem harmonischen Maßstab.

In der modernen Architektur erfreuen sich auch feingliedrige Lamellen großer Beliebtheit. Gern mit leichtem Abstand montiert, benötigen sie eine Unterspannbahn als eigentlichen Wetterschutz.

Alle genannten Varianten haben den Vorteil, dass sich bei Bedarf einzelne Elemente leicht austauschen lassen – sei es, dass durch unterschiedliche Witterungseinflüsse einzelne Bretter oder Schindeln ersetzt werden müssen oder dass bauliche Veränderungen einen Eingriff in die Fassaden erforderlich machen.

SOMMERLICHER WÄRMESCHUTZ

Der sommerliche Wärmeschutz ist entscheidend dafür, wie schnell sich ein Innenraum bei hohen Temperaturen aufheizt. Er ist insbesondere abhängig von der Wärmespeicherfähigkeit eines Materials, die wiederum von der Rohdichte abhängt. Ferner spielt die sogenannte Amplitudendämpfung eine wesentliche Rolle. Diese kennzeichnet die Zeit, die eine bestimmte Wärmemenge benötigt, um ein Material zu durchwandern. Während die Amplitudendämpfung nur bei den Außenwänden von Bedeutung ist, spielt das Wärmespeichervermögen auch bei den inneren Bauteilen des Hauses eine Rolle. So können etwa Innendecken und Zwischenwände aus massivem Beton, oder in geringerem Maß auch aus Mauersteinen, tagsüber Wärme aufnehmen und somit zu einem kühleren, behaglichen Raumklima beitragen. Nachts, wenn der Wärmeeintrag von draußen abnimmt, geben sie die aufgenommene Wärme wieder ab. Vor diesem Hintergrund kann es eine Überlegung wert sein, die leichte, wenig wärmespeicherfähige Holzrahmenbauweise mit einem massiven Kern zu kombinieren. Bei fünf der in diesem Buch vorgestellten Häuser wählte man eine solche Bauweise. Bei anderen entschied man sich für Wände und Decken aus Massivholzelementen, die ebenfalls ein besseres Wärmespeichervermögen als der Holzrahmenbau aufweisen. Winterlicher und sommerlicher Wärmeschutz haben nur bedingt miteinander zu tun, wie etwa alte Häuser mit dicken Mauern zeigen: Im Winter lassen sie die Wärme schneller entweichen als ein modernes Holzhaus in Ständerbauweise, im Sommer jedoch bleibt es im Inneren des alten Steinhauses deutlich länger kühl als im neuen Holzhaus.

Schwieriger ist der Ersatz bei plattenartigen Holzwerkstoffen, die seit rund fünf Jahrzehnten immer wieder für Holzfassaden zum Einsatz kommen. Sie ermöglichen ein glatteres Erscheinungsbild, konstruktive Vorteile bieten sie jedoch nicht.

Als größter Nachteil von Holzfassaden wird oft vorgebracht, dass man sie regelmäßig streichen müsse. Dies trifft allerdings nur zu, wenn Hölzer anfangs einmal mit Farbe behandelt wurden. Jede der oben genannten Holzarten kommt auch ohne Anstrich aus, wenn man akzeptiert, dass ihre Oberfläche vergraut.

Die größte Bedeutung für die Beständigkeit einer Holzfassade haben ihre Konstruktion und ihr Umfeld. Ein Farbauftrag dagegen stellt nur eine optische Maßnahme dar. So müssen Bretter an ihrer Unterseite

abgefast sein, um eine Tropfkante aufzuweisen. Übermäßiger Wassereintrag sollte minimiert werden, etwa durch Dachüberstände an besonders beanspruchten Stellen. Vor allem aber muss die oben beschriebene Hinterlüftung gut funktionieren und generell ist dafür zu sorgen, dass Feuchtigkeit rasch abtrocknen kann. Berücksichtigt man diese einfachen Regeln, können auch heutige Holzfassaden die Lebensdauer der von ihnen geschützten Gebäude erreichen.

VERGRAUEN Unbehandelte Holzfassaden vergrauen mit der Zeit, manchmal sogar recht bald nach Errichten des Hauses. Zunächst verfärbt sich die Fassade in unterschiedlichsten Grau- und Brauntönen, wobei frei bewitterte Bereiche zügiger vergrauen, geschützt liegende bleiben länger holzfarben. Nach einigen Jahren ist die gesamte Bekleidung mit einem einheitlichen Silbergrau überzogen. Eine Fassade mit solch natürlicher Patina, hergestellt aus resistenten Holzarten wie Lärche oder Zeder, kann Jahrzehnte schadlos überdauern und bedarf keiner Nachbehandlung. Hervorgerufen wird der Vergrauungsprozess durch Zersetzen des Holzfarbstoffs Lignin. Dies stellt weder einen Mangel noch einen Schaden dar. Möchte man den Prozess vermeiden, muss die neue Holzfassade lackiert werden. Die bräunliche Farbe des Holzes bleibt somit erhalten, allerdings bringt dies hohe Folgekosten mit sich: Alle zwei bis drei Jahre muss die Fassade nachgestrichen werden, sonst kann es zu Schäden kommen. Aus technischer und ökonomischer Sicht sind unbehandelte Holzfassadenbekleidungen also eindeutig zu bevorzugen. Aus ästhetischer Sicht ist es eine Frage des Geschmacks, sicher aber auch der Gewohnheit, ob man sich mit dem silbergrauen Ton des verwitterten Holzes anfreunden kann, vielleicht sogar seinen ganz besonderen Reiz entdeckt. Inzwischen gibt es auch sogenannte Vergrauungslasuren, die den silbrigen Farbton des Holzes nach seinem Vergrauen vorwegnehmen. Sie schützen nicht vor dem natürlichen Vergrauungsprozess, sondern überdecken diesen nur und sorgen somit für ein konstantes, homogenes Erscheinungsbild des Hauses.

TYPISCHE SCHWACHSTELLEN

Moderne Holzbauweisen sind prinzipiell sehr zuverlässige Konstruktionen, die wenig systembedingte Schwachstellen aufweisen. Gegenüber dem Massivbau gibt es sogar einige typische Problempunkte weniger, da Holzhäuser in der Regel komplett in Trockenbauweise erstellt werden, Baufeuchte also kein Problem darstellt. Allerdings gibt es auch typische Schwachstellen von Holzhäusern, die bei mangelhafter Planung und Ausführung immer wieder anzutreffen sind. Insbesondere sind dies mangelnde Luftdichtheit, unzureichender Schlagregenschutz sowie zu tief sitzende Schwellhölzer. Diese drei Problemkreise werden im Folgenden

ganz links Natürliches Vergrauen einer Holzfassade kurz nach Errichtung eines von Brinkmann Architektur, Peter Brinkmann, geplanten Hauses.

links Eine vorvergraute Fassade zeigt sich bereits von Beginn an im Endzustand, da der natürliche Vergrauungsprozess mit seinen immer wieder wechselnden Phasen vorweg genommen wird, wie hier am Haus am Hang von Henrik Isermann Architektur (siehe S. 142)

kurz skizziert, um ein Grundverständnis für sie zu erhalten. Dabei ist insbesondere das Thema Luftdichtheit anzusprechen, da hier auch Architekten und Bauunternehmern häufig Wissenslücken haben.

LUFTDICHTHEIT Der Wärmeschutz von Wohngebäuden erfährt seit gut drei Jahrzehnten wachsende Aufmerksamkeit. Die Anforderungen an die Wärmedämmung von Außenwänden, Dächern und Fenstern wurden immer weiter erhöht, in Deutschland zum Beispiel mit der 2002 erstmals in Kraft getretenen und 2016 zuletzt überarbeiteten Energieeinsparverordnung (EnEV). Viele Bauherren entscheiden sich sogar für wesentlich besseren Wärmeschutz als gefordert, zum einen aus Umweltbewusstsein, zum anderen wegen der Möglichkeit, günstige staatliche Kredite als finanzielle Förderung zu erhalten.

Ein beachtlicher Teil der Wärme geht allerdings nicht durch die Bauteile verloren – man spricht hierbei von Transmissionswärmeverlusten –, sondern in Form sogenannter Lüftungswärmeverluste. Mit diesem Begriff ist nicht nur die Wärme gemeint, die beim notwendigen, beabsichtigten Lüften durch das Fenster mit der verbrauchten Luft ins Freie strömt. Auch durch eine mehr oder weniger große Anzahl undichter Stellen in der Gebäudehülle entweicht warme Luft und wird durch kalte ersetzt. Unter bestimmten Umständen nimmt man diesen ungewollten Luftwechsel als Zugerscheinung wahr, oft bleibt er aber unbemerkt. Infolgedessen geht ein Teil der durch dicke Dämmschichten aufwendig eingesparten Energie auf diesem Weg dennoch verloren. Zudem können durch Tauwasser hervorgerufene Bauschäden die Folge von Luftundichtheiten sein, wenn der in der warmen Raumluft enthaltene Wasserdampf in kältere äußere Schichten des Wand- oder Dachaufbaus transportiert wird und dort kondensieren kann. Luftundichtheiten treten kaum in durchgehenden Flächen auf. Massives, verputztes Mauerwerk ist ebenso luftdicht wie die im Holzbau verwendeten Gipskarton- oder Holzwerkstoffplatten. Auch die Stöße der einzelnen Platten lassen sich relativ einfach luftdicht abkleben. In der Regel dient im Holzbau allerdings die Dampfsperre als Luftsperre. Problematisch sind alle Bereiche, in denen die Luftsperre unterbrochen oder durchstoßen wird sowie die Verbindungen von zwei Bauwerksteilen, bei unsauberer Verarbeitung auch die Stöße der Dampfsperrfolien oder -papiere:

– Fenster und Außentüren, Türen zu unbeheizten Kellerräumen
– Dachgauben und Dachflächenfenster
– Rollläden
– Steckdosen, Lichtschalter u. Ä. in Außenwänden
– Elektro- und Installationsleitungen in Außenwänden
– Schornsteindurchführungen
– Öffnungen zum Dachboden, sofern dieser ungedämmt ist
– Anschluss der Außenwände an Innenwände, Dach und Geschossdecken

Wichtig ist, bereits bei der Planung eines Hauses an die Luftdichtheit zu denken und die genannten Schwachstellen von vornherein auszuschließen. Der Architekt oder Haushersteller sollte eine durchgehende Luftdichtheitsschicht innerhalb der Wärmedämmung vorsehen, in die das Gebäudeinnere sozusagen eingepackt ist. Gleich, ob im Holzbau die Dampfsperre oder eine Beplankung aus Platten in dieses Luftdichtheitskonzept eingebunden ist, wichtig ist, dass keine Lücken in der dichtenden Schicht auftreten. Dabei ist zu beachten, dass Lücke in einer Schicht sich auch nicht durch die nächste – gegebenenfalls ebenfalls lückenhafte – Schicht des Wandaufbaus ausgleichen lassen.

unten Absolut zeitlos:
klassische Holzschindelfassade
und -dacheindeckung an einem
modernen Entwurf von Juri Troy
architects (siehe S. 16)

Einen Nachweis der Luftdichtheit eines Gebäudes schreibt die Energieeinsparverordnung nicht in jedem Fall vor. Doch wer bei Einreichung des Bauantrags zusagt, nach Fertigstellung des Hauses einen Test durchführen zu lassen, kann bei der erforderlichen Berechnung des Energiebedarfs des Gebäudes mit günstigeren Werten rechnen. Da sich aus dieser Berechnung auch die erforderliche Dimensionierung der Heizung ergibt, ist es möglich, diese unter Umständen kleiner und somit kostengünstiger auszuführen. Zudem schreibt die EnEV für jeden Neubau seit 2006 die Erstellung eines sogenannten Energiebedarfsausweises vor. Ähnlich wie in der technischen Beschreibung eines Automobils der Kraftstoffnormverbrauch angegeben ist, enthält dieser Ausweis Angaben über den nach Norm errechneten Energieverbrauch des jeweiligen Gebäudes. Mit den tatsächlichen Verbrauchswerten hat der Energieausweis zwar wenig zu tun, doch wie sich ein Gebrauchtwagen mit einem sparsamen Motor besser verkauft als ein »Schluckspecht«, spielt auch beim Weiterverkauf eines Wohnhauses der Energieverbrauch künftig eine Rolle. Für Gebäude, deren Belüftung über eine Lüftungsanlage erfolgt, fordert die EnEV zwingend eine Überprüfung der Luftdichtheit. Lüftungsanlagen sorgen für kontrollierte Raumlüftung und helfen somit, Wärmeverluste zu minimieren. Bei Anlagen mit Wärmetauscher wird zudem ein Teil der Wärme aus der Abluft an die einströmende Frischluft abgegeben, sodass eine nochmalige Verringerung der Lüftungswärmeverluste stattfindet. Dieses System ist nur sinnvoll, wenn ein möglichst großer Anteil des erforderlichen Luftwechsels über diese Anlage erfolgt und ein unkontrollierter Luftaustausch durch Leckagen weitgehend vermieden wird.

Die Überprüfung der Luftdichtheit beziehungsweise die Ermittlung der stündlichen Luftwechselrate erfolgt mithilfe des sogenannten Blower-Door-Tests (deutsch »Gebläse-Tür«). Diese Bezeichnung ist durchaus wörtlich zu nehmen: In eine geöffnete Außentür des zu untersuchenden Gebäudes wird ein spezieller Rahmen mit einem Gebläse eingebaut. Nach dem Schließen sämtlicher Außentüren und Fenster wird mithilfe dieser Vorrichtung im Gebäude ein Unterdruck von 50 Pascal erzeugt, indem das Gebläse die Luft aus dem Haus zieht. Die abgesaugte Luft strömt nun über die gesuchten undichten Stellen nach. Die Menge der abgesaugten Luft ist abhängig von Anzahl und Größe der Leckagen und die Blower-Door misst diese. Aus dieser Luftmenge lässt sich die Luftwechselrate n50 ableiten, die angibt, wie oft das gesamte Raumluftvolumen bei 50 Pascal – also unter Testbedingungen – lediglich über undichte Stellen ausgetauscht wird. Die Energieeinsparverordnung lässt einen dreifachen Luftwechsel pro Stunde bei 50 Pascal, bei Gebäuden mit Lüftungsanlage einen 1,5-fachen Luftwechsel zu. Bedingt durch den Unterdruck im Gebäude treten an undichten Stellen Luftströme auf, die sich mit der Hand und mithilfe eines Windmessgeräts, dem thermischen Anemometer, aufspüren lassen.

Auch mittels einer thermografischen Aufnahme können Leckagen geortet werden. Hierzu erstellt man mit einer Infrarotkamera Aufnahmen des Gebäudes. Auf diesen lassen sich Wärmeströme und somit die gesuchten Schwachstellen ablesen. Zu beachten ist allerdings, dass sich eine brauchbare Thermografie nur erstellen lässt, wenn die Außentemperatur mindestens 10° Celsius unter oder über der Raumlufttemperatur liegt. Nicht immer ist die eigentlich undichte Stelle dort zu finden, wo die Luft im Gebäudeinneren austritt. Um den Weg der Luft und somit die Leckstelle in der Luftdichtheitsschicht zu finden, kann man einen Nebelgenerator einsetzen, den man während einer zweiten Messung bei Überdruck – die Luft wird diesmal in das Gebäude gepumpt – vor die Luftaustrittsstelle im Haus stellt. Die Suche nach undichten Stellen in der Gebäudehülle sollte im Rahmen eines Blower-Door-Tests in jedem Fall durchgeführt werden.

Auch wenn die gemessene Luftwechselrate im zulässigen Rahmen der Energieeinsparverordnung liegt, ist es möglich, dass einzelne größere Leckagen vorhanden sind, die zu Bauschäden oder zumindest zu Zugerscheinungen führen können. Eine solche einzelne Schwachstelle stellt in jedem Fall einen Baumangel dar und ist von dem verantwortlichen Unternehmen zu beseitigen. Die erforderliche Nachbesserung muss eine dauerhafte Luftdichtheit der Schwachstelle gewährleisten. Es ist also nicht zulässig, beispielsweise eine undichte Fuge während des Tests mit Dichtmasse zu überspritzen oder mit einfachem Klebeband zu verkleben, da beide Maßnahmen nur vorübergehend haltbar sind. Zudem muss die Nachbesserung grundsätzlich an der luftdichtenden

DIE »ATMENDE WAND«

Es wird immer wieder vorgebracht: das »Märchen von der atmenden Wand«. Tatsache ist, dass Wände, egal ob Massiv- oder Holzbau, nicht »atmen« können; richtig hergestellt sind sie weitgehend luftdicht. Weisen sie Undichtheiten auf, hat das mit »Atmen« nichts zu tun. Einige Holzbauanbieter behaupten im Zusammenhang mit dem Thema Luftdichtheit, möglichst luftdichte Gebäude seien ungesund, Luftwechsel durch Undichtheiten seien notwendig, um die Frischluftversorgung im Haus sicherzustellen und zu hohe Luftfeuchtigkeit zu vermeiden. Dies ist unzutreffend. Zur Sicherstellung der Frischluftversorgung ist es bei Häusern ohne Lüftungsanlage in jedem Fall erforderlich, Fenster zu öffnen. Undichtheiten können an windstillen Tagen keinen ausreichenden Luftwechsel sicherstellen, machen sich bei starkem Wind aber durch unangenehme Zugerscheinungen bemerkbar. Zudem nehmen sie keine Rücksicht auf die momentane Nutzung des Gebäudes und den sich daraus ergebenden Frischluftbedarf der jeweiligen Räume, sorgen jedoch im Winter fortwährend für Wärmeverluste und können gravierende Bauschäden durch Tauwasserausfall im Wandquerschnitt zur Folge haben.

Zur Regulierung der Luftfeuchte tragen fachgerecht konstruierte Wände ausschließlich durch vorübergehende Wasserdampfaufnahme und spätere Wiederabgabe bei. In welchem Maße dies möglich ist, entscheiden die raumseitig obersten Millimeter des Wandaufbaus, also der Putz oder die oberste Beplankung.

Schicht des Wandaufbaus vorgenommen werden. Auch das Ausschäumen mit Montageschaum ist zur Beseitigung von Luftundichtheiten nicht geeignet.

Blower-Door-Tests werden von Sachverständigen, Handwerksbetrieben, Ingenieurbüros unterschiedlicher Art sowie von Hochschulen durchgeführt. Bei der Auswahl eines Anbieters ist auf möglichst große Kompetenz und Unabhängigkeit zu achten. Der Tester sollte Undichtheiten nicht nur feststellen, sondern sie auch beurteilen können. Von Vorteil ist es daher, wenn er auf Erfahrung im Baubereich verweisen kann, beispielsweise als Architekt oder Bauingenieur.

Auch wenn bei der Berechnung des Energiebedarfs die günstigeren Werte laut EnEV nicht in Anspruch genommen werden sollen, hat jeder Bauherr die Möglichkeit, am fertigen Gebäude einen Blower-Door-Test auf eigene Kosten durchführen zu lassen und so Mängeln bei der Luftdichtheit frühzeitig – am besten vor der

Abnahme – auf die Spur zu kommen. Schon die Ankündigung, eventuell einen Test durchführen zu lassen, sollte die jeweils Verantwortlichen zu sorgfältiger Arbeit veranlassen. Andererseits muss man sich bewusst sein, dass sich mit einem Luftdichtheitstest lediglich die Qualität der Luftsperre, nicht aber die allgemeine Qualität des Hauses überprüfen lässt.

Selbst verantwortlich für die Luftdichtheit ihres Hauses sind Bauherren, die in großem Umfang Eigenleistungen durchführen und mit der Dampfsperre oder der inneren Beplankung die Luftsperre selbst herstellen. Wer als Selbstausbauer auf eine luftdichte Gebäudehülle Wert legt, sollte daher bereits nach Erstellung der luftsperrenden Schicht einen Blower-Door-Test durchführen lassen. In diesem Stadium lassen sich Leckagen noch relativ leicht beheben, da sie ohne Demontage des weiteren Wandaufbaus zugänglich sind. Um mit den günstigeren Werten der Energieeinsparverordnung zu rechnen, ist allerdings am fertigen Gebäude später ein weiterer Test erforderlich.

FEUCHTESCHUTZ Ein weiteres Problemfeld bei Holzhäusern ist der konstruktive Feuchteschutz. Die in diesem Buch gezeigten Häuser verfügen zumeist über eine hinterlüftete Vorsatzschale aus Holzlamellen oder Brettern – prinzipiell ein hervorragender Wetterschutz. Sollten einzelne Bretter nach einigen Jahren Standzeit faulen, lassen sie sich relativ problemlos und kostengünstig einzeln erneuern. Kritisch wird es gelegentlich an den Anschlüssen der Fassade: die Anschlüsse an Traufe und Ortgang bei nicht vorhandenen Dachüberständen, die Anschlüsse an Fenster und Türen sowie der untere Abschluss. Diese Anschlüsse müssen so ausgebildet werden, dass kein Wasser hinter die Abdichtungsebene gelangen kann. Die Vorsatzfassade sollte deshalb nicht direkt an die Tragkonstruktion angeschlossen sein, da sonst Wasser in größeren Mengen in die Konstruktion eindringen und Schäden verursachen kann. Schlimmstenfalls bleiben diese länger unbemerkt und dehnen sich weiter aus. Aus eben diesen Gründen sollte auch die Vorsatzschale in Laibungen um die Konstruktion herumgeführt werden, sodass die Pfosten der Tragkonstruktion nicht frei der Witterung ausgesetzt sind. Beginnt die Holzkonstruktion zu tief, sodass ihre Schwelle gelegentlich im Wasser steht – beispielsweise bei stärkeren Regenfällen –, kann dies gravierende Folgen haben, weshalb hier auf eine ausreichende Bauhöhe zu achten ist.

EIGENLEISTUNGEN

Holzhäuser eignen sich oft besonders gut, um Arbeiten in Eigenleistung auszuführen. Dies kann die Baukosten merklich senken. Von Dauer ist die Freude hierüber allerdings nur, wenn durch Kenntnis wichtiger baukonstruktiver Zusammenhänge Schwachstellen und somit künftige Bauschäden vermieden werden. Um späteren Ärger – und Folgekosten, die die anfänglichen Einsparungen deutlich übertreffen können – zu verhindern, ist nicht nur handwerkliches Geschick Voraussetzung, sondern auch Verständnis für die »Funktionsweise« der Konstruktion des Hauses. Einige Hinweise zu besonders kritischen Detailpunkten in den Bereichen Wärme- und Feuchteschutz, Schallschutz sowie Statik sollen helfen, Fehler zu vermeiden und die Freude am selbst (mit)gebauten Haus lange ungetrübt zu erhalten. Selbst handwerklich sehr begabte und geübte Heimwerker überschätzen immer wieder ihre Fähigkeiten und unterschätzen ihren Zeitbedarf zur Ausführung von Arbeiten beim Hausbau. Es ist daher ganz besonders wichtig, genau abzuwägen, was man sich wirklich zutrauen kann und zeitlich so großzügig zu planen, dass alle Arbeiten in Ruhe und mit Sorgfalt ausgeführt werden können! Im Zweifelsfall sollte man einen Fachmann zu Rate ziehen. Dies kann mit unnötig erscheinenden Kosten verbunden sein, sorgt aber für Sicherheit und hilft, Schäden zu vermeiden, deren Beseitigung meist teurer kommen dürfte als Expertenrat während der Bauzeit.

WÄRMEDÄMMUNG Im weitestgehenden Fall werden Holzhäuser als Ausbauhäuser errichtet. Das Holzbauunternehmen stellt dann nur die tragende Holzkonstruktion mit einseitig mit Holzwerkstoffplatten beplankten Außenwänden, eingesetzten Fenstern und gedecktem Dach auf – eine regendichte Hülle. Die erste Tätigkeit der zukünftigen Bewohner besteht nun im Einbringen der Wärmedämmung in die Zwischenräume der Wandrahmen und der Dachsparren. Eine Arbeit, die sich ohne viel Mühe fehlerfrei durchführen lässt. Aus mangelnder Sorgfalt dennoch gemachte Fehler können erhöhte Wärmeverluste, aber auch gravierende Bauschäden zur Folge haben. So entstehen durch Lücken in der Dämmung Wärmebrücken, ebenso aber auch durch zu sehr eingepresstes Dämmmaterial. Dieses ist absolut lückenfrei und »knirsch« einzusetzen, wozu es

rechts Filigrane Präzision: Fassade aus vertikal orientierten Weißtannenlamellen mit oberem Blechabschluss von Schwarzwälder – Design zieht ein (siehe S. 96)

zunächst leicht zusammengestaucht wird. In der Breite ergibt sich die richtige Passung meist von selbst, da Rahmen- beziehungsweise Sparrenabstände und Breite der Dämmbahnen aufeinander abgestimmt sind. In der Höhe sollte man um etwa den gleichen Prozentsatz wie in der Breite stauchen, da Dämmmaterialien teilweise schrumpfen oder sich leicht setzen können. Die Ausführung der außenseitig aufgebrachten Wärmedämmung sollten Bauherren besser einem Fachbetrieb überlassen. Zum einen erfordert ihre fachgerechte Montage besondere Kenntnisse, zum anderen ist es zu beinahe jeder Jahreszeit von Vorteil, von Beginn an in einem bereits halbwegs gedämmten Haus arbeiten zu können. Tauwasserschäden im Winter und »Barackenklima« im Sommer wird somit vorgebeugt.

LUFT- UND DAMPFBREMSE Auf die große Bedeutung der Luft- und Dampfbremse wurde bereits eingegangen. Diese Schicht besteht aus papier- oder folienartigen Bahnen, die durchgehend über Rahmentragwerk und dazwischenliegender Dämmung befestigt sind. Wichtig ist hierbei insbesondere die größtmögliche Dichtheit der Anschlüsse. Dies weniger wegen der dampfbremsenden Funktion, sondern insbesondere zur Vermeidung von Luftundichtheiten und deren bereits beschriebener schwerwiegender Folgen. Eine gebräuchliche Art, die Dampfbremse zu befestigen, besteht im Verkleben der Ränder auf dem Rahmentragwerk mit speziellem Klebeband. In der Praxis ergibt sich dabei allerdings das Problem der mangelnden Haftung auf dem recht rauen Holz. Spätestens nach einigen Jahren kommt es zu Ablösungen und somit zu Fehlstellen. Besser ist es daher, das Papier oder die Folie mit Überstand zuzuschneiden und zunächst mit dem Tacker zu befestigen. Anschließend werden jeweils die beiden aneinandergrenzenden Überstände miteinander verklebt, der entstandene Falz zweimal eingefaltet und am Rahmen befestigt. Ähnliches gilt beim Anbringen der Dampfbremse auf einer zuvor aufgebrachten Beplankung. Dient allerdings die Beplankung selbst als Luftdichtheitsschicht, müssen die Plattenstöße sorgfältig verklebt und eine zweite Plattenlage (in der Regel Gipskarton) mit versetzten

oben Moderne Interpretation eines klassischen Chiemgauer Bauernhauses von Kerschberger Architekten (siehe S. 24): Über einem weiß verputzten, massiven Erdgeschoss erhebt sich ein Holzbau mit Lärchenholzfassade.

Stößen aufgebracht werden. Diese Lösung ist nur möglich, sofern der Wandaufbau aus bauphysikalischer Sicht keine Dampfbremse benötigt, und erfordert besondere Sorgfalt an Ecken und Anschlüssen. In diesen Bereichen ist ansonsten ähnlich zu verfahren wie in der Fläche. Das Vorgehen in besonders kniffligen Fällen – beispielsweise aufgrund der Konstruktionsweise oder wegen besonderer architektonischer Details – sollte mit dem Architekten oder dem Haushersteller besprochen werden. Ein fast unvermeidbares Problem der Luftdichtheit bei Holzrahmenkonstruktionen ist der Anschluss der Zwischendecke in die Außenwand. Hier ebenso wie an anderen Problempunkten sollte der Hersteller die Anschlüsse als sogenannte Anschlusslappen ausführen. An diesen können dann die Bauherren die Dampfbremse in der oben beschriebenen Art befestigen. Um die sorgfältig abgedichtete Dampfbremse nicht zu beschädigen, sollten Installationen wie Steckdosen und Leitungen in speziellen Fußleisten angeordnet werden. Noch besser ist eine Installationsebene, die auch Wasserleitungen aufnehmen kann und es ermöglicht, Schrauben und Nägel in die Wand zu schlagen, ohne die Dampfbremse zu durchstoßen.

SCHALLSCHUTZ Eine als unzureichend empfundene Schalldämmung von Wänden und Decken wird zumeist auf die Gesamtkonstruktion zurückgeführt. Häufig sind allerdings Ausführungsfehler der Grund für störende Geräuschübertragungen innerhalb des Hauses, denn bereits kleine, als unbedeutend empfundene Schallbrücken senken den Schallschutz eines Bauteils erheblich. Werden zum Beispiel in der Trittschalldämmung einer Zwischendecke einige Rohre verlegt, die mit der Rohdecke oder dem Estrich in unmittelbarem Kontakt stehen, kann dies die Wirkung der Dämmung nahezu aufheben. Gehgeräusche werden somit in störendem Maße in das untere Geschoss übertragen. Ein ähnlicher Effekt ergibt sich, wenn der Fußbodenbelag nicht durchgehend von der Wand abgesetzt ist. Eine Fuge von etwa 2 Zentimetern sorgt für eine gewisse Toleranz. Um zwischen den Räumen eine bestmögliche Dämmung des Schalls zu erzielen, sollte zwischen Dämmmaterial der Innenwände und der Beplankung auf einer Seite eine etwa 2 Zentimeter breite Luftschicht angeordnet werden. Nochmals erhöhen lässt sich der Schallschutz, wenn zur Befestigung der Beplankung auf einer Seite Federstege Verwendung finden. Verbindungen zwischen den Beplankungen auf beiden Wandseiten sind in jedem Fall zu vermeiden. Eine mit durchgehendem Luftspalt und Federstegen ausgestattete Wand in Holzrahmenbauweise bietet übrigens einen deutlich besseren Schallschutz als eine gleich starke Massivwand. Immer wieder für Ärger sorgen auch Treppen, die ohne schalldämmenden Puffer auf der Bodenplatte oder dem Estrich aufstehen oder an Zwischendecken befestigt sind. Zudem sollten Treppen nach Möglichkeit nicht an Wänden fixiert sein.

STATIK Die leichte Bearbeitbarkeit einer Holzkonstruktion verleitet dazu, spontane Ideen während des Ausbaus zu verwirklichen. Oft ist es in der Tat problemlos möglich, beispielsweise Innentüren einzufügen oder Wände zu versetzen. Doch derartige Aktionen müssen in jedem Fall mit dem Architekten oder dem Haushersteller abgesprochen werden – zum einen, um unzulässige Eingriffe in die Statik zu vermeiden, aber auch aus Gründen der Gewährleistung.

HAFTUNGSABGRENZUNG Das Haus ist endlich fertig, die glücklichen Bauherren ziehen ein – und es passiert, was mit aller Mühe vermieden werden sollte: Ein Bauschaden zeigt sich. In solchen Fällen kommt es häufig zu der Streitfrage, ob der Mangel vom Unternehmer oder vom mitbauenden Bauherrn zu verantworten ist. Deshalb sollte im Vorfeld genau abgegrenzt werden, wo die Leistung des Unternehmers aufhört und die des Bauherrn anfängt. Eine gute Möglichkeit der Abgrenzung ist die Aufteilung in »Funktionsebenen«. Ein Beispiel: Der Hersteller erstellt die komplette regendichte »Haushülle«, also Tragwerk, äußere Beplankung, Dacheindeckung sowie Wand- und Dachflächenfenster, die wärmedämmende sowie die dampf- und luftbremsenden Ebenen erstellen die Bauherren, ebenso den Innenausbau. Wird nun festgestellt, an welchem Bauteil eine fehlerhafte Ausführung vorliegt, ist auch die Frage der Verantwortlichkeit schnell geklärt.

MATERIALEHRLICHKEIT

Häuser mit tragender Holzkonstruktion zu verputzen, lehnen puristisch denkende Architekten oft mit der Begründung ab, Putz signalisiere Mauerwerk. Historisch betrachtet stimmt diese Sichtweise nicht ganz: Bereits in vergangenen Jahrhunderten wurden Nicht-Mauerwerksbauten verputzt. Vor allem handelte es sich um Fachwerkbauten, teilweise auch nur um deren Wetterseiten. Der Putz diente in diesem Fall als Wetterschutz ohne architektonische Aussage. Erst zu Beginn der Neuzeit wurden Fachwerkbauten in Städten gelegentlich mit der Zielsetzung verputzt, ihnen den Anschein eines als vornehmer geltenden Mauerwerkbaus zu geben. Auch anerkannte Größen der klassischen Moderne hatten kein Problem damit, ihre Holzhäuser nicht als solche zu zeigen, zumindest nicht auf den ersten Blick. So wurden etwa einige Bauten der Stuttgarter Weissenhofsiedlung mit Holzkonstruktionen erstellt, außen- wie innenseitig aber weiß verputzt.

Abgesehen von diesen historischen Referenzen ist es beispielsweise bei der Holzrahmenbauweise gar nicht möglich, die Tragkonstruktion anschaulich zu zeigen. Genau genommen handelt es sich dabei um eine Verbundkonstruktion, deren technisch notwendige äußere Schicht aus heutiger Sicht eine durchgehende Wärmedämmung ist. Diese wiederum bedarf eines Wetterschutzes. Hier kann zwar eine Holzverschalung gewählt werden, über die Konstruktion des Hauses macht eine solche allerdings zunächst keine Aussage, da sie unabhängig von der Tragkonstruktion ist. Im Grunde handelt es sich bei einer Fassadenbekleidung aus Holz um ein eigenständiges Bauteil, das sich als Wetterhaut Häusern jeder Konstruktionsweise vorblenden lässt. So werden aufgrund der derzeit wieder großen Beliebtheit von Holz auch viele Massivbauten mit einer vollständigen oder teilweisen Holzfassade bekleidet.

Trotz dieser Überlegungen ist es zweifellos der architektonisch konsequentere Weg, Häuser mit tragender Holzkonstruktion auch nach außen hin mit dem Konstruktionsmaterial zu bekleiden. Es gibt jedoch keinen Grund, formal gute Architektur nicht als solche zu würdigen, weil als Außenhaut für eine Holzkonstruktion eine Putzschicht gewählt wurde – auch dies kann seine Berechtigung haben, was leider oft übersehen wird.

Die in diesem Buch vorgestellten Wohnhäuser verfügen dennoch durchweg über eine Fassadenbekleidung aus Holz oder Holzwerkstoffen, die deutlich als »hölzern« wahrgenommen werden. Schließlich soll dieses Buch in erster Linie als Anregung zum architektonischen Einsatz des Materials dienen, als Inspiration, die optischen, haptischen und atmosphärischen Eigenschaften dieses von der Natur zur Verfügung gestellten Baustoffs zu nutzen. Die Entwürfe der Häuser bieten hierfür qualitätvolle Beispiele, jeder auf seine Weise.

Architekten

arches
architektūros estetikos studija
Ateitis g.10
08303 Vilnius
Litauen
www.arches.it

Eltner Architekten
Freie Architekten
Brandgasse 15
71540 Murrhardt
www.eltner-architekten.de

denzer & poensgen
Architekt und Innenarchitektin
PartmbB
Zum Rott 13
53947 Nettersheim-Marmagen
www.denzer-poensgen.de

firm
Feldkircher und Moosbrugger
ZT GmbH
Kirchstraße 40
6890 Lustenau
Österreich
Reutenenstraße 6
9042 Speicher
Schweiz
www.firm.ac

Gassner & Zarecky
Architekten und Ingenieure Partnerschaft mbB BDA
Maiglöckchenweg 16
85521 Riemerling bei München
www.gassner-zarecky.de

HI Architektur
Architektur & Innenarchitektur
Henrik Isermann
Reichenbachstraße 18
70372 Stuttgart
www.hiarchitektur.de

Kerschberger Architekten GmbH
Dr.-Karl-Stern-Straße 4
93413 Cham
www.kerschberger-architekten.de

k_m architektur GmbH
Daniel Sauter
Eichholzstraße 31
9436 Balgach
Schweiz
www.k-m-architektur.com

Mißfeldt Kraß Architekten BDA
Partnerschaftsgesellschaft mbB
Roeckstraße 11
23568 Lübeck
www.missfeldtkrass.de

Modersohn & Freiesleben
Architekten Partnerschaft mbB
Bayernallee 47
14052 Berlin
www.mofrei.de

Ulrich Pinzenöller
Architektur & Wohnen
Wildenholzener Straße 26
81671 München
www.ulrich-pinzenoeller.de

REICHWALDSCHULTZ
Architektur & Urbanistik
Alsterchaussee 13
20149 Hamburg
www.reichwaldschultz.de

Schaltraum
Dahle–Dirumdam–Heise
Partnerschaft von Architekten mbB
Budapester Straße 47
20359 Hamburg
www.schaltraum.net

Schwarzwälder – design zieht ein
Bruderhausweg 11
78112 St. Georgen
www.schwarzwälder-haus.de

STADTGUTarchitekten ZT KG
Arch. Dipl.-Ing. Nikolaus
Westhausser, Arch. Dipl.-Ing. Valerie
W. Aschauer
Rotensterngasse 20/1
1020 Wien
Österreich
www.stadtgut.com

Juri Troy Architects
Schottenfeldgasse 72/2/12
1070 Wien
Österreich
www.juritroy.com

Dipl.-Ing. Architektin Beate Voglreiter
Kontakt über Architekt Markus Willmann

Architekt Markus Willmann
Glockengieße 2
6900 Bregenz
Österreich
Martin-Luther-Straße 23-1
88079 Kressbronn
office@markuswillmann.com

Fotografen

Adolf Bereuter
www.adolfbereuter.com

Marcus Ebener
www.marcus-ebener.de

Patrik Graf
www.patrikgraf.com

Johannes Kottjé
Kontakt über Verlag

René Lamb
www.rene-lamb.de

Rainer Mader
www.rainermader.de

Maximilian Meisse
www.meisse.de

Michael Nagl
www.naglstudio.at

Juergen Pollak
www.juergenpollak.de

Heinz Schmölzer-Fotostudio
Kettenbrückengasse 19
1050 Wien
Österreich

Jochen Stüber
www.jochenstueber.de

Gregor Szinyai
www.gregorszinyai.de

Jürg Zimmermann
www.zimmermannfotografie.ch

Der Autor

Als Bausachverständiger und Berater unterstützt **Johannes Kottjé**, Dipl.-Ing. Architekt, Planer und Bauherren in ganz Deutschland. Er ist Autor zahlreicher Bücher und Zeitschriftenbeiträge zu Themen der Architektur, Baukonstruktion und Innenraumgestaltung; zudem fotografiert er Gebäude und Innenräume mit Augenmerk auf dem architektonischen Konzept. Besonders fasziniert ist er von dem vielseitigen Baustoff Holz, dem er bereits mehrere Bücher gewidmet hat.

Bildnachweis Einführung

Patrik Graf: S. 174
Johannes Kottjé: S. 160–163 oben, 164, 168
René Lamb: S. 173
Maximilian Meisse: S. 166
Jürgen Pollak: S. 169
Jochen Stüber: S. 163 unten
Jürg Zimmermann: S. 170

WEITERE EMPFEHLENSWERTE BÜCHER ZUM THEMA

Johannes Kottjé
FACHWERKHÄUSER
Stilvoll renovieren und umbauen
Deutsche Verlags-Anstalt
ISBN 978-3-421-04067-1

Florian Aicher, Hermann Kaufmann
BELEBTE SUBSTANZ
Umgebaute Bauernhäuser im Bregenzerwald
Deutsche Verlags-Anstalt
978-3-421-04002-2

Petra Liedl, Bettina Rühm
GESUNDES BAUEN UND WOHNEN
Baubiologie für Bauherren und Architekten
Deutsche Verlags-Anstalt
978-3-421-04090-9

IMPRESSUM

© Prestel Verlag, München · London · New York, 2022,
in der Penguin Random House Verlagsgruppe GmbH
Neumarkter Straße 28, 81673 München

Der Verlag weist ausdrücklich darauf hin, dass im Text enthaltene externe Links vom Verlag nur bis zum Zeitpunkt der Buchveröffentlichung eingesehen werden konnten. Auf spätere Veränderungen hat der Verlag keinerlei Einfluss. Eine Haftung des Verlags ist daher ausgeschlossen.

Projektleitung Verlag: Sabine Schmid
Lektorat: Sandra Leitte, Valley City
Cover, Gestaltung und Satz: Karin Hauptmann, Katrin Kleinschrot und Marion Köster, Stuttgart
Herstellung: Andrea Cobré
Lithografie: Schnieber Graphik GmbH, München
Druck und Bindung: DZS Grafik d.o.o., Ljubljana

Penguin Random House Verlagsgruppe GmbH FSC® N001967
Gedruckt in Slowenien
ISBN 978-3-7913-8548-8

www.prestel.de

Dieses Buch wurde klimaneutral produziert.